YOKOHAMA
再建の誓い
名門野球部復活に燃える元公立高校監督

デザイン／イエロースパー
写真／田中慎一郎、ベースボール・マガジン社
取材・文／佐々木亨
校正／中野聖巳

目次

はじめに

力の源は、横高愛

先人たちが築いてきた歴史と想いが詰まった長浜グラウンドに今、私は立っている。

神奈川県の横浜駅から京急本線の急行電車に乗って約20分の場所にある能見台駅。そこからほど近いところに横浜高校の校舎はあるのだが、1945年創部である野球部の草創期は、その敷地内のわずかなスペースで練習をしていたという。その後、校舎の改築などでグラウンドは拡張されたが、73年のセンバツ初出場初優勝、80年夏の選手権初優勝時の先輩たちも、同じ敷地内の運動場で努力を積み重ねてきたと聞きます。時代は移り変わっても、先人たちが残した足跡と「横高愛」は変わらない。87年に野球部の専用球場である長浜グラウンドが完成してからは、さらにその度合いは強まり、栄光の歴史へとつながっていきました。横浜高校の先輩たちが汗水を流してやってきたからこそ、今がある。何度となく甲子園に出場し、全国でその名を知らしめてきた歴史の裏には、多くの鍛錬と想いがあった。決して簡単に手にしてきたものではありません。それぞれの時代で、それぞれの部員が「横浜高校で勝負するんだ」という気概を持ち、「甲子園に出たい」「全国制覇をしたい」という強い想いの中で努力してきた結果、伝統や栄光が築かれてきたのだと思う。横浜高校はそういう場所であり、グラウンドに立てば、その歴史の風を常に感じるものです。

授業を終えた部員たちが約10分かけて集まってくる長浜グラウンドの入口付近には、過去5回の甲子園優勝、または創部50周年などの記念碑があります。そして、『絆』という一文字が浮かぶ石碑も並んでいます。各年代の野球部ＯＢの名前が刻まれたその碑を見るたびに、多くの方々の支えがあるからこそ「今がある」と、つくづく思うのです。

約１５００人の野球部ＯＢの力は、とてつもなく大きく、すごい。２０２０年度からＯＢ会の会長を務めていただいているのは、88年度の卒業生である千明和美さんです。高校時代は主将で捕手を務められた千明さんを中心としたＯＢの『絆』を、私は常に感じるのです。ＯＢの方々は、日々の練習を支えてくれている。グラウンドのネットを補修してくれたり、日頃の野球部の活動を支援していただいたり。たとえば平塚球場で行われる試合では、OB会内の「平塚会」の方々が部員の昼食を用意してくれたりします。渡辺元智元監督（以後、渡辺監督と呼ばせていただく）がグラウンドに再び戻られた今、OB会はかつての雰囲気を取り戻し、さらに盛り上がりを見せているのを実感します。また、嬉しいことに、私が横浜高校の監督に就任後、約200人の若いOBが集って「村田を応援する会」という組織を作ってくれました。そういった動きも含め、改めてOBの力を、私は感じています。

力の源は、横高愛。

母校への愛情に尽きると思います。それは、横浜高校野球部を応援してくださる一般の方々も同じです。野球部が厳しい時、辛い時にこそ、みなさんが手を差し伸べてくれる。日常の中で、「選手たちに食べさせて」と言ってシュークリームを100個持ってきてくれる方がいる。または、300キロという大量のお米を差し入れしてくれる方や、寮へ食材を送っていただいたり、アイスクリームを届けてくださったり、熱烈に支援をしてくださる方がいる。横浜高校野球部を支えてくださる多くの方々には、感謝の言葉しかありません。

横浜高校を愛してくださる方々の力は、私が高校生だった当時から感じていました。渡辺監督の周りには、常にたくさんの方が集まる。支えてくれる方々の力が結集する。そして、渡辺監督が率いる横浜高校の長浜グラウンドには、オフシーズンともなれば、そこから巣立っていった現役のプロ野球選手もたくさん来ていました。そんな光景を目の当たりにして、改めて渡辺監督の偉大さを感じるとともに、「横浜高校は、すごい場所なんだ」とつくづく感じたものです。

現役プロOBたちの激励

その光景が今、戻ってきました。2020年4月に私が監督に就任し、長らく野球部から距離を置いていた渡辺監督が長浜グラウンドに戻られ、野球部を取り巻く環境は変わりました。いや、かつての横浜高校の雰囲気が再び戻ったと言ったほうが正しいかでしょうか。いずれにせよ、今年のオフシーズンには多い日で13人ものＯＢの現役プロ野球選手が長浜グラウンドに足を運んでくれました。私の同級生である涌井秀章（現楽天／04年度卒業）がバッティングピッチャーを務め、そのボールを近藤健介（現北海道日本ハム／11年度卒業）が打ったりする姿をフェンスの外から見た現役部員たちは、大きな刺激をもらうとともに何かを感じ取ったと思います。

２０２０年からメジャーリーグでプレーする筒香嘉智（09年度卒業）がグラウンドに来た時もそうでした。現役選手たちは、その姿を見ただけで「ウォォォ……」と圧倒されていた。先輩メジャーリーガーは、その存在感だけで後輩たちに大きな刺激を与えていました。筒香が高校時代、大学生だった私はちょうど学生コーチとして母校のグラウンドで後輩たちを指導していました。筒香に対して、夜遅くまでバッティングピッチャーを務めたのを今でも思い出します。そんな当時のことを筒香自身も覚えていてくれて、彼はこう言うのです。

「高校時代のお礼ができていなかったので」

そう言いながら、母校のグラウンドに顔を出してくれた。それが本当に嬉しかったし、横浜高校の絆を感じて、それこそが私たち野球部の強さだと思いました。

「卒業以来、初めてグラウンドに来ました」

「10年ぶりにグラウンドに来ました」

そう話してくれたOB選手もいた。それらの言葉と、グラウンドに集まったプロ野球選手の姿を見て、私は嬉しさを感じずにはいられませんでした。何よりも、彼らを間近で見た現役部員たちの嬉しそうな顔を見られたことがよかった。

OBの力は、どこにも負けていない。

私はオフシーズンの光景を見てそう思いましたし、横浜高校野球部の再建を確信しました。

実は、私が監督に就任したばかりの頃、現在は西武ライオンズでプレーする松坂大輔（98年度卒業）さんも長浜グラウンドに来てくださったことがありました。「激励に来たよ」と言いながら、人知れず一人でグラウンドに来てくれたのです。

「何かあったら、いつでも言って」

ありがたい言葉もかけていただきました。そして、いろいろな言葉を交わす中で、私は松坂さんに「今、一番何を大事にされていますか？」と尋ねました。すると、松坂さんはこう答えるのです。

「世間では『松坂世代』って言うだろ。だから、俺が最後までプロ野球でやっていなきゃダメなんだよ。ボロボロだけど、意地でも俺が最後までやって終わらなければいけない」

純粋に、その言葉が格好よかった。一流の選手でもそういう思いでやっているんだということを感じた。そして、松坂さんはこうも言ってくれました。

「村田くんも、何を言われてもブレるなよ」

今こうして横浜高校の監督を務めている私は、松坂さんの言葉と行動を受けて、改めて支えてくださる方々の大切さを身を持って感じた。そして、横浜高校を愛する人々の大きな力を感じました。だからこそ、そういう方々を絶対に裏切らない。支えてくださる方々を大事にしなければいけないと思うのです。

みなさんに勝って恩返しをしたい――そう強く思うのです。

青ふちの『YOKOHAMA』へ戻した意味

横浜高校は、強くあってほしい。

母校の監督となり各地を回る中で、私はそんな言葉をよく耳にするようになりました。

横浜高校で野球がやりたい。

そう話す子供たちも増えたと聞き、嬉しい限りです。私にとっては励みにもなるそれらの言葉を受け、見守り、応援してくださり、横浜高校が子供たちの目指す場所になっていることを身を持って感じるようになり、改めて思うのです。

横浜高校は、強くなくてはいけないんだ、と。

私自身、高校時代に渡辺監督に甲子園へ連れて行ってもらいました。そして、人生を大きく変えてもらいました。私だけではなく横浜高校野球部で過ごした人間の多くは、そう感じているはずです。だからこそ、私も預かる今の子供たちを甲子園へ連れて行きたいし、連れて行かなければいけないと強く思っています。

横浜高校に入学したからには、甲子園に行かなければいけない。

それは、母校を愛するOBの方々の想いでもあると感じています。

全国の舞台で輝き続け、強さの象徴でもある伝統のユニフォーム。胸に『YOKOHAMA』の文字が躍るグレーを基調としたそのユニフォームに憧れ、袖を通したいと思って子供たちは入学してくる。私自身もそうでした。

野球部の創部当初は白色を基調として、胸の『YOKOHAMA』も早稲田文字のような書体だったと言います。帽子のマークも、現在の『YH』をコラージュしたものではなく、『Y』だけが刻まれていた時代がしばらく続いたとも聞きます。その流れが変わったのが、創部19年目。春夏通じて初の甲子園出場を果たした1963年のことです。モデルとなったのは、神奈川の社会人野球界をけん引し続ける名門・日石カルテックス

（現ＥＮＥＯＳ）。ちなみに、戦後間もない頃の日本石油は、アメリカの『カルテックス』と業務提携していたことから、かつてそのチーム名で社会人野球界を席巻していたと言います。横浜高校は、同じ横浜を本拠地として、黄金時代を築いていた『ＣＡＬＴＥＸ』のユニフォームの強さにあやかり、63年に現在のグレーを基調としたユニフォームに変えました。左肩のエンブレムは、校章の四菱だけが施されたり、その下に学校法人・徳心学園の『ＴＯＫＵＳＨＩＮ』の文字を加えたりした時代もありましたが、年号が平成となると新たなロゴマークに生まれ変わった。左から、赤、白、紺のトリコロール柄。上部に『ＹＯＫＯＨＡＭＡ』、中央部に校章と港町・横浜をイメージした帆船、そして下部には『ＫＡＮＡＧＡＷＡ』と刻まれたデザイン。その新たなエンブレムがユニフォームに施されたのは、鈴木尚典（現神奈川フューチャードリームス監督／90年度卒業）さんらが2年時の89年夏、甲子園出場を果たした時からです。その後、松坂さんらを擁して98年に甲子園春夏連覇を果たし、そのユニフォームは全国的にも「強い横浜高校」の象徴として定着しました。

私にとって、横浜高校のユニフォームは特別です。2021年から、私の高校時代もそうだったように、青いふちが施された『YOKOHAMA』の文字が躍るユニフォームに戻しました。再出発の意味も込めて、新生・横浜高校として動き出しています。

伝統と歴史。

それは、横浜高校の最大の強みです。変わりゆく時代のなかで、新たな挑戦も加えながら、先人の方々が築いてきたものを次世代の子供たちに継承していくことが、母校の監督となった私の使命だと思っています。時代の変化に合わせて変わらなければいけないことはある。ただ、不変なものとして、変えてはいけないものもある。チームを預かる者として伝統や歴史を継承する難しさはありますが、今の私には熱い想いしかありません。

「やってやろう」

横浜高校の再建を託された者として、強い信念のもとで長浜グラウンドに立つのです。

伝統と歴史を継承しながらの再出発という意味を込め、2021 年からユニフォームの『YOHOHAMA』の文字のふち取りは青に戻された

第一章

母校監督の要請から就任まで

心配していた母校の状況

全国においても最激戦区と言われる神奈川で、横浜高校は春16度、夏18度の甲子園出場を果たしてきました。夏の神奈川大会は、シード校でも7連勝しなければ聖地の土を踏むことはできない。特に準々決勝から決勝までの3試合を勝ち上がるためには、野球の技術力はもちろんですが、心と体のタフさも求められるなど、まさにチームが三位一体とならなければいけない。

「甲子園で勝つよりも、神奈川で勝つほうが難しい」

そう言われる所以は、その過酷な戦いの連続ゆえのことだと実感しています。その中で、歴代のチームは大きな壁を乗り越えて実績を残してきました。

春3度、夏2度の甲子園制覇。

全国の舞台でも大きな輝きを放ち、高校野球における横浜高校の立ち位置を確立してきました。そんな母校に激震が走ったのは、2019年の秋。起きてはならないことが、現実的に起きてしまいました。

二人の指導者の選手に対する暴言と暴力。当時、私は神奈川県立白山高校の教員、そして野球部監督を務めていました。神奈川県高野連の理事も務めさせていただいていた身として、もちろんOBとしても、母校の不祥事の一報を聞いた時は残念でなりませんでした。

ただ一方で、何とか母校の力になりたい、そして応援したいという思いはありました。9月28日付で横浜高校は高山大輝コーチを監督代行として、後任部長には葛藏造校長が就任することを発表し、それぞれ10月1日に着任してチームは再出発することとなりました。そんな非常事態が続く中、私は横浜高校を心配してくださる周囲の方々から「横浜は大丈夫なのか？」という声をかけていただくことがありました。

「今後、母校はどうなるんだろうか……」

他校で指導していた私の心境としては、複雑な思いでいっぱいでした。

「県立高校の監督として甲子園へ」という夢

母校への愛はある。横浜高校野球部が窮地に立たされている現状を知れば、ＯＢとして力になりたい。そう思うのは当然だと思います。ただ、当時の私は県立校の一教員。野球部の監督として、ともに甲子園を目指して苦楽を共にする白山高校野球部の部員を見続けよう。そういう使命感がありました。親御さんから預かった子供たちをしっかりと指導したいという思いが強かった。

母校の力になりたい。

それは、あくまでもＯＢの一人として「横浜高校には強くあってほしい」という願いからの感情でした。そんな最中で、私は横浜高校野球部監督の話をいただいたのです。

野球部は「校技」であると言ってくださる横浜高校の葛藏造校長、そして同校の常任理事を務められている山本琢磨先生が、教子の私に白羽の矢を立ててくださったのです。

監督要請の話をいただいたのは、19年10月のことでした。

「横浜高校を何とか再建してほしい」

新生・横浜高校として再出発したいというお二人方の熱い想いが伝わってきました。ただ、その時点で横浜高校に戻る気持ちはなかった。正確に言えば、監督要請をお受けするかどうか、一度は悩みました。でも、私が出した答えは「白山高校に残る」。ありがたい言葉、そして葛校長、山本先生の情熱も痛いほどに伝わってきましたが、監督要請をお断りさせていただきました。

私には夢があった。「県立高校の監督として甲子園に行く」という想いが強かったのです。

神奈川県の教員採用試験に奇跡的に合格し、大学卒業後は県立校で指導していた私は、夢の実現のために突き進んでいました。神奈川県では1951年の希望ケ丘高校を最後に、県立高校が甲子園に出場していません（※97年のセンバツに出場するなど、春夏通算16度の甲子園出場を誇る横浜商高校は市立校）。白山高校で指導していた頃も夢の実現のために子供たちとともに駆け抜け、甲子園を目指していました。結果的に甲子園出場を果たせずに、当時も「やりきっていない」という思いが強かったので、初めは横浜高校の監督要請の話をお受けする気持ちになれなかったのが正直な気持ちです。

それでも、葛校長をはじめとする横浜高校を愛する方々の熱意は変わりませんでした。19年の11月、12月、年が明けた20年1月と、紆余曲折な出来事が絡み合う中で何度となくお断りする私に、横浜高校への熱い気持ちを持って監督要請の話をしていただきました。当時、横浜高校の伝統の火を消さぬよう、チームを守るためにグラウンドに立ち続ける高山監督代行、そして部長を務める葛校長の尽力は計り知れないものがあったと思います。OBの一人として、その姿には熱いものを感じていました。

「村田しかいない。村田が来なければ、すべてが終わる。横浜高校を再建してほしい」

誰かが監督をやらないと横浜高校が終わってしまう。OBとしてそんな危機感も感じていたのは事実です。最後は、葛校長の熱意に私の心は傾きました。

渡辺監督の言葉で決まった覚悟

私を必要としてくださり、時には支えて励ましてくれた方はたくさんいました。高校時代に多くの技術指導をしていただいた小倉清一郎コーチも「何とか頑張れ」と励ましの言葉をかけてくださり、ご自宅にうかがわせていただくと親身になって私の話を聞いてくださいました。そして、監督就任の決断に至る過程で、大きな存在となったのが渡辺監督です。私にとっては恩師であり、1965年にコーチ就任、68年から監督となり2015年夏までの約50年という長い歳月で横浜高校の歴史を築いてこられた渡辺監督の言葉が、最終的な「決断」に勇気を与えてくださいました。

高校卒業以来、私は何かにつけて渡辺監督や小倉コーチに相談してきました。大学時代もそう、県立校の教員として過ごしていた日々でも、時には渡辺監督の自宅へうかがったり、私が指導するグラウンドへ足を運んでいただいたりしながら話をさせてもらいました。そして、横浜高校の監督要請があった今回も……。

学校側に監督要請をお受けする意思を伝え、正式に契約を交わしたのが20年2月8日の土曜日でした。その日の午後1時、私はその足で渡辺監督の自宅へうかがいました。一緒に行った妻が、渡辺監督と会うのは私たちの結婚式以来。妻が緊張しているのが、その表情からよく伝わってきました。野球関連の記念品が数多く飾られている野球博物館のようなリビングで言葉を交わした時間は、3時間ぐらいに及んだでしょうか。それまでの経緯や今後のこと、または横浜高校の歴史や未来について、多くの話をさせていただきました。大切な時間の中で、渡辺監督は私にこう語りかけてくれました。

「横浜高校の監督は、おまえしかいない」

その言葉をいただき、改めて身が引き締まる思いでした。渡辺監督が50年かけて築いてきた歴史と伝統が詰まった横浜高校の監督になる決意、本当の意味で「覚悟」が決まった瞬間でした。

今思えば、不思議なことの連続でした。私が白山高校で指導していた時、渡辺監督の次女にあたる渡辺元美さんに大変お世話になっていました。もともと横浜高校野球部の寮母をされていた元美さんに「練習前におにぎりを食べさせて体作りをしたい」と相談させていただいたのがきっかけで、週に2回、元美さんが白山高校におにぎりを届けてくれていました。それは横浜高校に激震が走る直前の19年9月から……。そして、そんな日々が続く中で、ふとした時に元美さんが私にこう言うのです。

「じいじ（渡辺監督）が今度、白山高校に来るから」

その言葉通り、数日後に渡辺監督が白山高校に来てくれました。渡辺監督が私が指導するグラウンドに来てくださったのは初めてでした。その翌週に、横浜高校の監督要請が私のもとに来た。渡辺監督が私のところへ激励に来たのは偶然だったのか、それとも必然だったのか。いずれにせよ、その後、半年ほどの激動の時間を経て横浜高校の監督をお受けすることになるのですが、振り返ってみれば渡辺監督が白山高校に来てくださった頃から、すでに私の人生はレールが敷かれていたような気もするのです。

涌井も背中を押してくれた一人

導かれていった私の人生。横浜高校の監督要請を受けて悩んでいる時、私の背中を力強く押してくれた一人が涌井秀章でもありました。横浜高校の同級生で、バッテリーとしてともに高校野球を駆け抜けた涌井に相談したのは2019年12月、年の瀬の寒さが厳しくなってきた頃でした。今だから言えることですが、本当ならば監督要請の話を他言することは禁じられていました。マスコミなどを通じて後任監督の話題が世間に広まってはいけない。もちろん、そのことは私自身もよく理解していましたが、不思議と初めに相談したのが涌井でした。横浜高校と私の現状を伝え、相談したいという思いになったのです。

「話したいことがあるんだけど……」

そう言って連絡を入れた私は、都内の焼き鳥屋で涌井と会いました。高校を卒業してから二人だけで食事をするのは、その時が初めてでした。

「実は、横浜高校から監督の話が来ていて……」

そう話を切り出すと、涌井は「そうだと思った」と言った。そして、こうも言ってくれました。

「おまえが監督になるんだろうと思っていた」

涌井自身は、千葉ロッテから東北楽天へ移籍するタイミング。新天地での活躍を誓う時でした。横浜高校の再建に向けて、横浜高校の復活を願って、涌井は「お互いに頑張ろう」と言ってくれた。それが私にとっては嬉しかったし、大きな励みになっていきました。

「50歳まで現役を続ける」と話す涌井は、とにかく練習をします。ストイックなまでに自分と向き合い、日々の練習をコツコツとやるタイプです。高校時代もそう、プロ野球選手になって今年で17年目のシーズンを迎えた今も、その姿は変わりません。そんな涌井の姿勢が、いつも私の刺激になっています。実際に、楽天へ移籍した20年シーズンは先発ローテーションを守り抜き、11勝をマークして15年以来となる最多勝利のタイトルを獲得しました。そして、今年21年シーズンは自身10度目となる開幕投手を務めて勝利投手になった。いつでもその姿勢と結果で刺激を与えてくれる涌井の存在は、私にとって大きなものであり続けるのです。白山高校にいた頃は、60ダースのボールや100セットのバッティング手袋を送ってきてくれたこともありました。

「同級生って、やっぱりいいな」

そう思うと同時に、これまでの付き合いで涌井の「横高愛」の強さを改めて感じる瞬間が何度もありました。涌井を含めた横浜高校時代の同級生たちは、私が監督になることを知って多くの励ましの言葉をくれました。支えてくれる人たちがいる。横浜高校を愛する人たちが、たくさんいる。だからこそ、覚悟を持って監督を務める。その一心で、私は突き動かされているのです。

最後は、決断した。一度きりの人生。新たな挑戦に踏み出そうと思い、私は歴史のある横浜高校の監督になることを決めました。葛校長を筆頭に、高校時代に授業をしていただいた山本常任理事の「村田しかいない」という熱い言葉を受けて、決断することができました。野球部が揺れ動く中で自らが部長となってチームを守ってくださった葛校長とは、何度となく話をさせていただきました。ある日は4時間ぐらいかけて親身になって話を聞いてくれたこともありました。常に私に寄り添ってくれた。最終的に監督要請をお受けする時は、「家族の理解もなければいけない」と言ってくださり、妻も同席の上で話をさせていただきました。

「これからどうなってしまうのか……」

監督の話をいただいてからの妻はそう言って、不安そうな日々を過ごしていました。子供もいる。それまで県立校の教員として過ごしてきた私が、ある意味で「ゼロからのスタート」を切ることに家族として不安が募るのは当然のことだったと思います。それでも、時には的確な助言をしてくれて、最後は妻も私の決断を後押ししてくれました。

常に寄り添ってくれる人たちがいた。横浜高校の関係者、同級生や家族、そして高校時代の恩師である渡辺監督、小倉コーチ。支えてくださる人たちがたくさんいて、前へ進むことができました。みなさんに共通するのは、横浜高校への熱い想いです。多くの

「横高愛」が、私を監督という立ち位置に導いてくれたと思っています。

20年2月8日に横浜高校の監督になることを決めた私は、その時点ではまだ白山高校の教員です。公務員法によって、3月31日までは公立高校の教員としての職務を全うしなければいけない義務がありました。約2カ月の間、白山高校を離れて母校へ行くことは表沙汰になってはいけない状況が続きました。3月中旬過ぎに某スポーツ新聞が〝監督就任〟の記事を載せて周囲が慌ただしくなってしまった頃もありましたが、私は〝その時〟が来るまで、ただじっと待つだけでした。それでも、正式に監督就任を発表する直前、3人の指導者へ連絡を入れました。東海大相模高校の門馬敬治監督、桐光学園高校の野呂雅之監督、横浜隼人高校の水谷哲也監督。神奈川県の高校野球界をけん引し続けるお三方に、就任の挨拶をさせていただきました。白山高校時代から神奈川高野連の理事としてもお世話になった指導者の方々です。今度、横浜という場所で監督としてともに戦わせていただく。神奈川の野球を盛り上げていく、築き上げていくという中で、私のような若い中堅の指導者がお三方を越えていかなければいけない。そういった意味でも、まずは挨拶をさせていただこうと思ったのです。他にもご挨拶をしなければいけない指導者の方々はたくさんいましたが、まずはそういう過程を経て、監督就任会見の日を迎えました。

学校側に全面協力していただいた組織作り

２０２０年４月１日、その時は訪れました。横浜高校野球部の新体制を発表する記者会見。ちょうど20年度から男女共学になる母校に、私は新たな気持ちで帰りました。高校入学の際、横浜高校の門をくぐった時の思い出、その残像と感覚が鮮明に蘇ったのを今でも思い出します。不思議な思いでした。「俺は今、何をやっているんだろう」。そんな感覚すらあったのですが、母校に戻り、絶対に甲子園に出場するんだ、日本一になるんだ、そしてプロ野球選手になるんだという思いで横浜高校に入学した時と同じ心境になりました。

当然のことながら、チームというのは一人では成立しない。何人かが集って初めてチームとなる。その組織を束ねる者も、一人ではどうしても限界を感じる時が来るものです。チームを構成する部員が多ければ、なおのこと多くの指導者の目が必要になるものです。要するに、チームを形作る上では組織力が一番大切だと思います。その観点からも、私は学校側の大きなサポートを受けて船出することができたことに、ただただ感謝するのです。

葛校長が野球部部長を引き続き務める中で、副部長には館山和央教頭、ヘッドコーチには、監督代行として窮地に立たされた野球部を支え続けてくれた高山大輝が就任してチームは動き出しました。高山ヘッドコーチは筒香嘉智と同級生で、高校時代は左のスラッガーとして鳴らしました。創価大、航空自衛隊千歳でプレーした後、母校のコーチとなったのが17年4月のこと。以後、横浜高校の屋台骨を献身的に支え続けてくれた一人です。そんな信頼の厚い高山ヘッドコーチが傍で支えてくれていることが、私の大きな力になっていることは間違いありません。そして、葛校長が「村田監督がやりやすい環境で」と言ってくださり、横浜高校のコーチとして迎え入れたのが関根剛コーチです。敬愛学園高校（千葉）から進学した日体大では野球部には所属せずに研修部に在籍。指導者としての勉強を積んだ人物です。大学卒業後は、保健体育の非常勤講師として綾瀬西高校で1年、白山高校で5年半にわたって野球部を指導。その後、麻布大付属高校では野球部監督を務めていました。そんな白山高校時代にも一緒に野球部を支えた関根コーチに、私は横浜高校の監督になる際にコーチの打診をしたのです。ある日の夜、関根コーチと一緒に食事をしながら「横浜高校に行く」事実を打ち明けると、初めは驚きの表情を浮かべました。当時、私が「県立校で甲子園に行く」という思いで指導していたことも知っていただけに、そういう反応になったのも無理はありません。そんな関根コーチに、私はこう言いました。

「横浜高校で一緒に指導しないか？」

最初は冗談かと思ったようですが、私が「本気だよ」と伝えると彼は真剣な表情に変わりました。そして、その場で即答してくれました。一緒にやりたい、と。

横浜高校にとっては初めて外部の血が入る。野球部OBから何を言われるか分からない。それでも、私は関根コーチの力を信頼していましたし、必ず大きな力になってくれると確信していました。

学校側から大きなサポートを受け、間違いのない頼れるスタッフが構築されて新生・横浜高校は20年に再スタートしました。そして今年21年からは名塚徹部長が就任。横浜高校時代は投手として2学年下のエース・愛甲猛（元ロッテ／80年度卒業）さんらとともに甲子園出場。国学院大を経て県立校の教員となり、05年からの10年間、神奈川県高野連の事務方トップの専務理事として神奈川の高校野球界を支えた方が、部長として横浜高校に戻ってこられました。名塚部長の横高愛は、すごい。母校の野球部が沈みかけた時も、ものすごく心配されたと聞きます。そんな中で今回、定年退職を機に横浜高校へ来てくださいました。私と同じように、横浜高校に育ててもらったという思い、だからこそ「横浜高校のために」という思いを強く抱いて、部長として母校に帰って来られたと思います。私たちのような若い指導者にとって、名塚部長の存在は心強いですし、安心感があります。私にとっては教員1年目の霧が丘高校時代に同校でともに過ごした縁もある名塚部長の就任は、大きな力となっています。

始まった再建に向けた戦い

横浜高校の再建に向けた戦いは始まっています。私自身は指導者として甲子園に行ったことはありません。「県立校で甲子園に出る」という願いを叶えることができなかった。そういう意味では、指導者としてまだ何もできていないというのが実情です。でも、今こうして横浜高校の監督を務めさせていただいている中で、一度しかない人生を横浜高校に賭ける、そして人生を捧げるという熱い想いは、誰にも負けない自負はあります。

高校時代に人生を変えてくれた場所で、再び今、人生を賭けている。

いろんな方との縁やタイミング、多くの方の支えと後押しがあって歴史と伝統がある高校の監督を務めさせていただいています。だからこそ、強く思うのです。

自分のためではなく、横浜高校のために、そして横浜高校に入学してくれた子供たちのために、私自身の人生を賭けるんだ、と。

その思いがブレることはないし、これからも決して忘れてはいけないことだと思っています。指導者として自分が甲子園に行こうが行くまいが関係ない。横浜高校で野球がしたい、横浜高校で勝負すると決めて来てくれた子供たちが、歴史の詰まったユニフォームを着て甲子園の舞台に立つ。さらに、卒業後もそれぞれの道で活躍する。その一翼を担うのが、私の仕事だと思っています。

何度も言いますが、人生は一度しかありません。だからこそ、後悔はしたくない。とことんやれるところまでやる。実際に、県立校の指導者だった私が何かを成し遂げれば、「やればできるんだ」ということの証明にもなると思っています。横浜高校の再建を託された者として、「横高愛」を胸に指導していきたい。

私は今、周囲の人たちの横浜高校に対する熱い想いが、あっという間に正常な状態に戻ってくれたことを改めて実感しています。その力のすごさも身を持って感じています。歴史がある高校でも、崩れるのは一瞬でした。一時は、伝統が失われていた時期もありました。でも、逆にその負の歩みから抜け出し、一気に本来の横浜高校が蘇るのも早かった。それは、「渡辺監督の50年」というものがあったから。葉は枯れても大木の幹と根は力強く生きていたのです。しっかりと魂は宿っていた。そして、多くの方々の「横高愛」が失われることはなかったのです。

渡辺監督が築いてきた50年。

私はその偉大さを今、改めて感じています。

2020 年 4 月 1 日、横浜高校野球部新監督の就任会見
（左から関根コーチ、高山ヘッド、村田監督、館山副部長、葛校長）

第二章

渡辺元智監督

絶対的存在が身近にいるありがたさ

第101回全国高等学校野球選手権が開催された2019年夏は、私にとって思い出深いものとなりました。神奈川県立白山高校の野球部監督である一方で神奈川県高野連の理事も務めていた私は、神奈川県大会の開幕戦のサポートをさせていただきました。始球式を務めたのは、横浜高校を率いて春夏合わせて甲子園で5度優勝、監督通算51勝を挙げた渡辺元智さん。恩師である渡辺監督が、始球式のマウンドに立ったのです。15年夏に勇退されてから初めて横浜高校のユニフォームに袖を通した渡辺監督の姿に、嬉しさがこみ上げたものでした。始球式に向けてウォーミングアップをする恩師と、私は同じ時間を共有させていただきました。アップを終えてキャッチボール、そして渡辺監督はブルペンへ向かった。ボールを受けるのは私です。ブルペンのマウンドから投じられた球は50球ほどだったでしょうか。私は一球、一球を心に刻みながら、渡辺監督の投球を受けさせていただきました。その時間は、何とも言えない幸福感に包まれていました。そして、7月7日の金沢高校と津久井浜高校の開幕戦で、渡辺監督はストライク投球で始球式を盛り上げました。私はその姿を見届けることができて、心の底から嬉しかったことを思い出すのです。今思えば、あの夏の始球式から、私が横浜高校の監督になるレールが敷かれていたのかもしれない。そんな風にすら思ってしまうのです。

私が母校の監督になってから、渡辺監督は毎日のように長浜グラウンドに足を運んでくださいます。グラウンドに到着すると、まずは外野の芝を1万歩ほど歩く。それから子供たちの指導をしていただくのですが、その指導する姿から学ぶことは私自身もたくさんあります。特に、子供たちの心をコントロールする力には驚かされます。指導を受けたピッチャーなどが目に見えて変わっていくのが分かるのです。渡辺監督の指導は、常にアップデートされている。プロ野球選手の自主練習も積極的に見に行かれる渡辺監督は、その時々に適した教えを常に考えています。若かりし頃の渡辺監督は、アパートを借りて子供たちを住まわせて野球に没頭できる環境を作ったり、練習では乗用車のライトを照明代わりにして夜遅くまで素振りをさせたり、とにかく情熱を注いで指導されていたと言います。逸話は数知れず。今の時代にはそぐわないかもしれませんが、破天荒な指導もあったと聞きます。ただ、渡辺監督のすごいところは常に時代を見つめた指導をされていることです。今はこういう練習をしている、こういう戦いをしている。時流に合わせた指導法を持ち続けるのです。その一方で、野球に対する情熱は変わらない。長浜グラウンドに足を運ぶようになった当初は杖をついて歩行すらままならない状態でしたが、今では精力的に歩いて指導してくださっています。「細胞が蘇った」と言いながら、子供たちにノックをしていただくこともある。改めて、その指導力と行動力、そして熱意のすごさを感じます。

渡辺監督に勝てるものはないか。

そんなことを考えることもあるのですが、今は何一つとして見当たりません。「野球が好きだ」「横浜高校が好きだ」という情熱、その度合いだけは勝とうと思って指導しているつもりですが、渡辺監督の熱意は、私のそれをはるかに上回っている。今こうして母校の監督をする立場になって、改めて渡辺監督のすごさ、その築き上げられてきた歴史を実感するのです。

昨年末の20年冬、私は渡辺監督に連れられて横浜の海が見える見晴らしのいい店に行きました。かつて監督を務められていた時、渡辺監督が甲子園へ行く前に必ず訪れていたという場所です。「一流を知れ」とは渡辺監督の教え。まさに一流の素材、一流の調理師、そして一流の景色がそろう店で、私は渡辺監督と多くの会話をさせてもらいました。横浜高校の歴史、渡辺監督が指導を始めた頃の話など、言葉の一つ一つが私にとって貴重なものばかりでした。そして、渡辺監督がどれだけ横浜高校のために尽力されてきたかが分かりました。もっと言えば、どれだけ子供たちのために尽力してきたか、を。私自身、もっと人生をかけて子供たちと接しなければいけない。そう気づかされました。

子供たちのために――。

やがて子供たちは卒業し、社会を支えて人生の勝利者になっていく。

《人生の勝利者たれ》

目標に向かって突き進む過程では、挫折や苦しさを味わう時もあるだろう。それでも、耐え忍ぶ。我慢や忍耐力を養うことで目標は近づいてくる。社会に出てからも同じこと。何事にも真摯に向き合っていれば、道は開かれ、人生の勝利者になっていく。「人生の勝利者たれ」は渡辺監督の教えの一つですが、指導者は子供たちにその大切さを教えることも必要で、子供たちのために尽力することが大切だということを、渡辺監督は改めて気づかせてくれるのです。子供たちのために尽力することは、ひいては学校のためになる。「横高愛」につながり、いずれ大人になる教え子たちの息子が横浜高校へ入学する。そうして伝統が引き継がれていくことも、渡辺監督の言葉から学ぶことができます。

ひと言で「50年」と言いますが、その年月は途方もなく長いものです。その期間、渡辺監督は横浜高校の監督として、子供たちと真摯に向き合ってきました。自らの人生を子供たちに捧げてきました。安易な言葉になってしまいますが、それは純粋に「すごい」ことです。だからこそ、渡辺監督が発する一つ一つの言葉には重みがあり、指導者としてのヒントが詰まっている。

身近なところに絶対的な存在がいる。

それが私にとっては何よりもありがたいし、嬉しいのです。

渡辺監督が横浜高校のグラウンドに戻って来られたことは、すべてにおいて良かった。私自身も指導者としての勉強をさせていただくことができるし、何よりも子供たちにとって渡辺監督と接する時間は大きな財産になっていくと思う。それが、横浜高校の強みだと私は実感しています。

横浜高校の歴史を築いてきたのは、他ならぬ渡辺監督です。チームにとって、学校にとっても、大きな光であることには違いありません。実際に私自身も、その大きな輝きの下で高校時代は育てていただきました。

人生を変えてもらった。

私だけではなく、多くの野球部ＯＢのみなさんはつくづくそう実感しているはずです。

きっかけは目にした渡辺監督の新聞記事

その「人生を変えてもらった」場所を、私が意識し始めたのは小学生の頃でした。川崎市高津区出身の私は、高津小学校時代は当初、サッカーをやっていました。野球と出合ったのは小学4年生の時。それからは野球にのめり込み、「一番になりたい」という思いでプレーしていました。高津区の大会を総なめしたチームは、川崎市の大会でも優勝。小学6年生の時は、全日本学童軟式野球大会マクドナルド杯という大会で神奈川県大会決勝進出。でも、その最後の一戦でチームは敗れて準優勝に終わりました。「一番になりたい」という願いを叶えることができませんでした。翌日の新聞に掲載された大会の結果を見て、小学生の私は悔しさがまたこみ上げてきました。でも、その時です。学童大会の記事の下に視線を向けると、横浜高校を率いる渡辺監督の記事が載っていたのです。ちょうどその年は、横浜高校が松坂大輔さんらを擁して甲子園で春夏連覇、国民体育大会でも優勝を飾って「四冠」を達成した1998年。子供ながらに、私は渡辺監督の記事に興奮しました。そして、こう思ったのです。

「絶対に横浜高校に入りたい」

「一番になりたい」という思いがさらに加速した私は、もっと高みを目指したいと思いながら、地元にある川崎北シニアに入部しました。部員が多いチームではありませんでしたが、「何が何でも一番になりたい、頑張ろう」と思った中学時代。中学3年の夏には全国大会に出場して決勝まで進みました。でも、またしても準優勝……。「一番になりたい」「全国制覇をしたい」という思いは、ますます募るばかりでした。そして、横浜高校への憧れもさらに強くなっていきました。今思えば、小学生の頃に渡辺監督の記事を見つけたのは運命的なものだったかもしれません。

願いが叶って横浜高校に入学した私は、渡辺監督の下で成長させていただきました。恩師の指導における引き出しさの多さは、高校時代から感じていたことです。私が言うのもおこがましいのですが、渡辺監督は意外なほどに話しやすい方です。練習が終われば、家族のように接してくれる。それだけに監督と選手の会話は多かったと思います。こちらが質問すれば、いつも的確な言葉が返ってくる。多くの会話の中で、私は勉強させられることばかりでした。

上級生になり主将という立場でもあったので、渡辺監督と二人だけで話す機会もたくさんありました。練習や試合、またはチーム全体のことなどを語り、学びの時間をたくさんいただきました。個人的にも朝7時40分から20分間、野球部寮で毎日のように素振りを見てもらいました。当時から渡辺監督がよく言っていたのは「高校野球にスランプはない」ということです。言い方を変えれば「スランプを作るな」という教えだったと思います。調子が悪い時は練習する。プレーを見直し、自らを見つめ直す。だからこそ、結果がついてくる。「準備と練習は嘘をつかない」ということを改めて教えてくれました。常に子供たちを見る目には情熱が溢れていた。子供たちに対する「愛情」という表現になるのかもしれません。子供たちに対して注がれるパワーのすごさ。私は日々の素振りでも感じたものでした。

私たちの代は、新チームとなった2003年の秋に神奈川県大会二回戦で横浜隼人高校に敗れました。同年春のセンバツ大会で準優勝し、その当時から主力を張った選手が多く残る秋季大会で早々に負けてしまったのです。

私は今一度、自問自答しました。

「何のために横浜高校に入学したのか」

そこで我に返った。答えは一つです。甲子園という舞台で全国制覇を成し遂げるため――。

秋の敗戦からチームは変わっていきました。秋季大会二回戦敗退にも関わらず、グラウンドに来てくださるOBの方々は「春は楽しみにしているよ」と声をかけてくださいました。もちろん勝って応援してもらうことはありますが、負けてさらに応援してもらえる。それが横浜高校なんだと改めて実感することもありながら、オフシーズンはとにかく練習に没頭したのを覚えています。

渡辺監督は、よく言っていました。

した。

《勝利より敗北、成功より失敗》

チームが成長し、強さを身につけていく過程で、渡辺監督の言葉が身に染みたものでした。

3年生となった私たちには、秋の『敗北』と『失敗』を経て本物の強さが備わっていました。04年春は神奈川県大会、そして関東大会を制覇。公式戦で負けないチームになっていました。迎えた高校最後の夏も、確かな手ごたえを持って迎えることができた。しかし、夏の神奈川県大会を目前にした時、チームを照らし続けてくれる渡辺監督が脳梗塞で倒れられました。旧監督室の階段から転がり落ち、そのまま病院へ搬送されたのです。あまりにも衝撃的な出来事に、私たちには動揺が広がりました。それでも、夏も勝ち上がる。そういう気概を失うことはありませんでした。正確に言えば、渡辺監督が倒れられて、なお一層のこと「やってやる」という思いが強くなりました。

組み合わせ抽選会を終え、夏の戦いが見えた時、私一人で授業を抜け出して渡辺監督が入院する横浜南共済病院へ行きました。そしてこう語りかけました。

「監督さん、組み合わせが決まりました。僕らは絶対にここまで勝ち上がるので、その先の試合ではベンチに入ってください」

何としてでも回復してほしい。その思いからの言葉でした。再び渡辺監督と全国制覇を目指したい。私たちの思いは一つでした。病院での渡辺監督は、嬉しそうな表情を浮かべてくれました。そして、実際に私たちのもとへ帰って来てくれました。渡辺監督とともに夏の神奈川を制した私たちは甲子園出場を決めた。渡辺監督の偉大さを、その時に改めて痛感したのを今でもはっきりと覚えています。

指導の根底にある「愛情が人を動かす」という言葉

精神的な支えでもあった渡辺監督。技術的な部分は小倉清一郎コーチが主に担うことが多かったのですが、その二人の恩師の下で高校野球ができたことは今でも私の財産となっています。今、監督という立場になると、なおのことそう思うのです。絶対的な存在であり、信頼できるお二人に出会えた。その縁に感謝するとともに、最後は『人』が大切なんだということを実感します。人としての魅力、いわば人間力に惹かれて成長していく。多感な時期を過ごす子供たちにはなおさら、導いてくれる大人の人間力が必要なものである。そのことを教えてくれたのも、渡辺監督でした。

渡辺監督の教え、そこにあった「言葉」が、今の私を形作っていると言っても言い過ぎではありません。私の苗字が「渡辺」と言っていいほどに、今でも渡辺監督の言葉が生き続けています。

《愛情が人を動かす》

それは私の好きな言葉の一つです。公立校の教員になった時にいただいた言葉です。筆で「愛情が人を動かす」という言葉がしたためられた色紙は、自宅の玄関に飾ってあります。その言葉を目にしながら、「愛情だ」「愛情が大切だ」と心で唱えて出掛けるのが、今でも私の日課になっています。

愛情がない指導者は、本当の指導者ではない。教員としても同じことが言える。私はそう思っています。子供たちは愛情に飢えています。指導者、あるいは教員が愛情を注いであげれば、思いは子供たちの純粋な心に響くものだと思います。時には、ついて良い嘘、あるいは必要な嘘というものがあります。子供たちの成長をうながすために、または能力を引き上げてあげるための嘘。その掛け合いの中で大切なのは、両者の信頼関係です。互いに信頼し合っているからこそ、子供たちは指導者の嘘を自らの成長の糧ととらえることができる。伝えたい思いを敏感に受け取ってくれるものだと思うのです。指導者が発する嘘は、子供たちが信じてくれる嘘なのかどうか。信じてもらうためには常日頃からの信頼関係の構築が大事だろうし、子供たちに対する指導者の愛情が必要です。愛情が人を動かす。ひいては、「愛情が人を育てる」ということにもつながっていくのだと思います。

野球の練習におけるノックでも、指導者に愛情がなければ選手たちの技術は本当の意味で上達していかない。優しさだけが愛情ではありません。時には厳しく接することも愛情です。しっかりと選手と向き合い、本気で成長を願う。本気だからこそ、課題に直面している選手に対して厳しく接する。本気で怒ってあげることも、愛情の一つではないでしょうか。怒りを表に出すには体力がいります。それでも、指導者は一人一人に目を配り、一人一人に愛情を注がなければいけないとも思っています。

すべては、愛情なのです。私は高校時代から、その大切さを感じていました。渡辺監督は、いつも愛情を注いで選手を見てくれていました。グラウンドではもちろんですが、それ以外の部分でもそう感じることはたくさんありました。たとえば、週に一日は必ず休みの日を設ける。休む時はしっかりと休んで、脳と体をリフレッシュさせてくれました。そうすることで、日々の練習にはより活気が生まれ、選手たちは精力的な動きを見せる。まさに「愛情が人を動かす」のです。渡辺監督の教えは、私の指導において生き続けています。今でも変わらないものですし、これからも不変な教えとして私の財産となり、指針であり続けるのです。

歴史の継承と時代に即した前進

私の手元には今、渡辺監督からいただいた横浜高校のユニフォームがあります。2020年4月1日、母校の監督就任を正式に発表したその日にいただいたものです。

渡辺監督が監督生活48年目となる15年の夏、横浜高校は神奈川県大会決勝で敗れました。その夏限りで渡辺監督は勇退されたのですが、私がいただいたものは恩師が監督として最後に着た横浜高校のユニフォームでした。想いが詰まったユニフォーム。ご自宅でそっと保管していたその大切なものを、監督となった私は譲り受けたのです。

嬉しかった。同時に、歴史ある横浜高校の監督になる重みを感じました。そのユニフォームの真ん中には、こんな言葉が添えられています。

《目標がその日その日を支配する》

渡辺監督の座右の銘でもある言葉です。もともとは、横浜高校の創立者である黒土四郎先生が『第一歩』（後藤静香著）という詩の中から好んで使っていた言葉だと言います。大正時代の社会教育家である後藤静香氏のその詩には、こんな一節があります。

三笠山にのぼる第一歩
富士山にのぼる第一歩
同じ一歩でも覚悟がちがう
どこまで行くつもりか
どこまで登るつもりか
目標が
その日その日を支配する

つまりは、大きな目標を持つことが大切。目標を持つことで、覚悟を持ち、準備を進めることができるということです。そして、目標を達成しても常に謙虚に、次の目標に向かって再び準備を進めることが大切だということを説いている一節です。私は渡辺監督から譲り受けたユニフォームを見るたびに、「教え」の重要性を実感するのです。

そして、監督就任時に渡辺監督からいただいたものが、もう一つ。「祝横浜高校野球

部監督就任　二〇二〇・四・一」と記された色紙には、渡辺監督が指導者として大切にしてきた言葉や私に向けられたメッセージが書き込まれています。

一、目標がその日その日を支配する
一、愛情が人を動かす
一、言葉には味と真理がある
一、至誠天に通ず
一、選手を信頼しよう　全部員が財産である
一、個性は全体の中で輝く
一、勝利より敗北　成功より失敗
一、細心にして大胆　怪我・故障に注意

そして、最後には「信頼、信念、自信　村田野球を目指そう」と書かれています。

横浜高校には、渡辺監督が築いてきた歴史と伝統がある。約50年もの歳月をかけて築いてきたものを継承することは、並大抵のことではないと思っています。

「何でここにいるんだろう……」

横浜高校の監督室にいると、ふとした時にそんなことを考えることがあります。特に就任当初は、かつて渡辺監督がいた威厳のある部屋にいると不思議な感覚に陥ることがたびたびありました。監督となり1年余りの時間が経とうとしていますが、私は今一度、横浜高校の歴史を知る必要があると思っています。渡辺監督がどういう思いで横浜高校を築いてきたのか。そのこともよく知るために、グラウンドに来てくださる渡辺監督には踏み込んだ話をさせていただくこともあります。横浜高校として変わらないものはある。もちろん、変化を求めてチャレンジしていくことは大切です。渡辺監督の姿勢そのままに、指導者もアップデートしていかなければいけない時代。そういう変化がなければ、子供たちと指導者の間に溝が生じてしまう可能性もあります。恐れず、常にアンテナを張って新しいものを感じ取る力は、指導者として大切にしたいものです。ただ、やはりその一方では、伝統と歴史を持つ横浜高校として変えてはいけないものがあると思っています。

継承と前進。

私は子供たちのために、そして横浜高校のために前へ進んでいきたい。渡辺監督の教えや言葉とともに、愛情を持って突き進んでいきたいと思うのです。

恩師・渡辺監督からいただいたユニフォーム。名門の伝統を引き継いだ象徴のように映る

第三章

指導者を志すきっかけ

日体大時代に消えかけた野球への情熱

プレーヤーとして順風満帆な野球人生を送っていたとしたら、おそらく教員にはなっていなかっただろうし、指導者にもなっていなかった。今とは違う人生を歩んでいた。私はつくづくそう思います。

高校時代は、全国制覇を大きな目標とする一方で、いずれはプロ野球の世界でプレーすることを夢見ていました。横浜高校に入学した時から、その思いを強く抱いていたのは正直なところです。でも、高校2年の春から厳しい現実を突きつけられていきました。2003年の第75回選抜高等学校野球大会で、当時2年生だった私は正捕手として準優勝を経験しました。ただ、その大会ではまったくと言っていいほどに打てなかった。もともと打撃が売りだと思っていたのに、結果がともなわない。実はその時、腰の疲労骨折に苦しんでいました。選抜大会を終えてからも、打撃が上向くことはなかった。いくら練習をしても、納得のできるスイングができない。「やり過ぎてもダメだな」と思いながらも試行錯誤を繰り返す日々。それでも、打撃への自信を取り戻すことはありませんでした。結局、自分自身が勝負できると思っていた打撃が改善されることなく、私は高校野球を終えました。

高校卒業後の進路を考える際は、さまざまな思いが交錯しました。大学へ進学し、プレーヤーとしての自信を取り戻す。そして、社会人野球でもプレーを続ける。そんな青写真を描いた時期もありました。その中で、私は大学へ進学して野球を続ける一方で教員免許を取ることを目指しました。

「教員免許を取って指導者を目指してはどうか」

恩師である渡辺監督の言葉も、決断の大きな要素になりました。

各大学からお話をいただく中で、私は日本体育大学への進学を決めました。硬式野球部でプレーを続けた私は、下級生の頃から一軍の試合に出場することもありました。野球も頑張ろう。もしかしたら、社会人野球でプレーするチャンスが巡ってくるかもしれない。教員免許の取得以上に、現役として野球人生を全うしたいという思いが強くなった時期もありました。でも、思うような結果が出ない。何よりもチーム内に生じたいざこざが大きな原因となって、思い描く大学野球は遠ざかり、私は人生で初めて野球が嫌いになりました。

もうこれ以上、野球は無理だな……。

心と体は疲弊し、野球への情熱が失われていくようでした。教員免許を取って野球の指導者になるという熱意も薄れていく感覚でした。そして、大学２年も終わろうとしていた頃、私は母校の横浜高校へ行き、自身の思いを恩師に伝えました。

「大学野球を辞めます」

すると、渡辺監督は「何のために日体大へ行ったんだ。教員になるために行ったんだろ」。そう諭す一方で、「横浜高校でコーチをやらないか。ウチで指導者として勉強しないか」と言ってくださいました。目標を失いかけていた私は、恩師の言葉通りに母校に通い始めました。後輩たちの指導に明け暮れる日々。それは大学３年生の頃、２００７年の春からのことでした。

大学生だった私が母校で学生コーチを務めていた頃は、現在はメジャーリーグでプレーする筒香嘉智や現野球部コーチの高山大輝らが高校生だった時期です。夜遅くまで、筒香や高山に対してバッティングピッチャーを務めたのを今でも思い出します。結局、大学卒業まで長浜グラウンドに通う日々が続くのですが、その2年間は私にとって貴重な時間となりました。日体大の硬式野球部には所属し続けましたが、プレーヤーとしての道は絶たれた。でも、大学生活において意味のない時間だけは過ごしたくなかった。そんな複雑で燻った気持ちになっていた私に、光を照らしてくれたのが横浜高校でした。そして、渡辺監督でした。周囲の方々に支えられ、私は救われたのです。野球への情熱が途切れることはありませんでした。

指導の重要性を再認識し、そこに充実感も覚えるようなっていった私は、横浜高校で後輩たちを指導をする一方で、神奈川大学附属中・高等学校でも指導する機会をいただきました。横浜高校とは違う環境で野球をする子供たちを指導するのは、それまで母校の野球しか知らなかった私にとって新鮮でした。当時の神大附属高校は、地区大会ですら一度も勝ち上がったことがないチームでした。テストの2週間前は練習をストップさせる。野球の実力も、お世辞にも「上手い」と言える選手が多いわけではないチームでした。それでも、練習メニューを与えると、子供たちは本当に一生懸命にやるのです。限られた練習時間で、自らの課題と真剣に向き合い、「上手くなりたい」という姿勢を表に出して頑張る。純粋な気持ちで野球をやる彼らが愛おしかったし、そういう高校野球があることを改めて知りました。そんな教え子たちは、私がそれまで経験したことがないような「勝利」も見せてくれました。初めて地区大会を突破して、県大会に出場したのです。地区大会で勝利を手にして、子供たちが喜びを爆発させる姿は今でも忘れられません。

「高校野球には、こんな勝利もあるんだな」

そう気づくのと同時に、「こういう勝ち方をしたい」と純粋に思った。その時に私の目指すべきものが、明確になりました。

「指導者として、神奈川の県立校で勝負したい」

前述した通り、神奈川県の県立校が甲子園に出場したのは1951年の希望ケ丘高校が最後です。半世紀以上もの長い間、県立校は大きな壁に跳ね返されてきた。県立校にとっての甲子園出場は悲願でもあります。その難題を指導者として乗り越えてみたい。難しくも、やり甲斐のあることに挑んでみたい。私はそう強く思うようになったのです。神奈川で生まれ育った身として、「神奈川に恩返しをしたい」という思いも強かった。

「県立校で甲子園に出場したい」

教員免許を取り、高校野球の指導者になるという思いが、より強くなっていきました。実は母校で指導する中で、渡辺監督からはありがたい言葉をいただいていました。

「横浜高校に残ってコーチを続けないか」

でも、私の決意が変わることはありませんでした。母校に残った若い自分が、横浜高校で何ができるのか。本音を言えば、そんな不安があったのも事実です。それ以上に、新たな環境で自分を試してみたい。そういう熱が強かったかもしれません。

「県立校で勝負したいと思っています」

渡辺監督に思いを伝えた私は、覚悟を決めて教員採用試験に向かっていきました。

教員採用試験で奇跡の現役一発合格

もちろん、神奈川県の教員採用試験を突破することが簡単ではないことを知っていました。一度目の挑戦、現役ではなおのこと、合格することがどれだけ大変なことか。厳しい現実だということは十分に分かっていました。私が在籍した日体大は、毎年のように教員を輩出する大学です。それでも、現役で教員採用試験に合格するのは年に10人ほどしかいません。その状況下で、私が現役で合格する確率は限りなく低かったと思います。事実、周囲からは「受からないよ」と言われていました。それでも、渡辺監督に誓った手前もある。とにかく「やるしかない」と思って机に向かいました。

目標が定まってからは猛勉強です。自分で言うのもおこがましい話ですが、約1年半は、死に物狂いで勉強しました。横浜高校でのコーチは継続して務めさせていただきながら、独自の勉強法を貫いた。時には、模擬試験をしながら。両親に面接官役をやってもらいながら、面接の練習をした日もありました。我ながら、本当に勉強したと思います。

その熱意が勝ったのか、私は教員採用試験の筆記試験にあたる一次試験を突破しました。論文では、大学時代のコーチ指導が生きました。教える作業では、言葉掛けが重要です。今、その選手にはどういう言葉が必要なのか。一つ一つの言葉を吟味しながら、こちら側の思いを伝えなければいけません。また、伝えるタイミングも重要になってくる。同じ言葉でも、選手の伝え聞くタイミングによっては、違った感覚でその言葉をとらえることもあります。指導における「言葉」の大切さを、大学時代のコーチ業を通して感じることができたことは、私にとって大きかった。ひいては、その経験が教員採用試験の論文に生かされたと思います。そして何よりも、渡辺監督の下でコーチを務め、恩師の言葉を身近なところで聞いていたことが、私の力になったことは言うまでもありません。

一次試験を突破し、次はいよいよ9種目の運動試験と面接がある二次試験です。実は二次試験が行われる直前、私は横浜高校のコーチとして甲子園に帯同していました。宿舎近くの河川敷で、試験種目のひとつである倒立前転の練習をしたのを思い出します。甲子園での勝利を見届けた私は、慌ただしく帰って二次試験に挑みました。

結果は、合格です。

奇跡が起きました。難関と言われていた教員採用試験を現役で突破することができたのです。面接で大きな力となったのは、高校時代の経験です。横浜高校では、本気で全国制覇を目指した。神奈川で、そして全国においても、誰よりもその思いは強かったと自負しています。甲子園で全国制覇を成し遂げることはできませんでしたが、甲子園に出場することができた。その過程では挫折も味わった。嬉しいことが2割、苦しいことが8割。それでも、横浜高校では誰もが経験できない時間を過ごすことができたと思っています。その思いと経験値があるからこそ、どれだけ厳しい状況でも諦めない。最終の面接では、私の情熱をぶつけて思いを伝え、野球を通じて経験したさまざまなことを語ることができた。だからこそ、合格という新たな人生の切符を手にすることができたと思っています。後日談ではありますが、教員採用試験での面接官は、のちに赴任することになる神奈川県立白山高校の校長先生でした。それもまた不思議な縁というか……。

そして、不思議なことで言えば、もう一つ。高校時代の甲子園球場で渡辺監督からかけられた突然の言葉を、私は思い起こすことがあります。高校3年生だった2004年の夏。第86回全国高等学校野球選手権大会の神奈川県大会を制した横浜高校は、甲子園の舞台に立ちました。聖地では一回戦で報徳学園高校を8対2で退け、二回戦では延長11回の末に京都外大西高校を1対0のサヨナラで下し、三回戦では明徳義塾高校を7対5の接戦の末に破り、勢いそのままに勝ち上がっていきました。準々決勝の相手は、駒大苫小牧高校。その大会で、のちに北海道勢初となる全国制覇を成し遂げることになる南北海道代表のチームでした。バックスクリーンにある1対6のスコアボードに視線を送りながら、私は高校最後となる甲子園球場での戦いを終えました。

夏の暑さとともに試合の熱気がまだ残る甲子園球場のベンチ前。主将を務めた私は、渡辺監督の隣でグラウンドを見つめていました。その時でした。渡辺監督が私にこう言ったのです。

「よく頑張った。ありがとう。おまえは、ここへ戻って来い」

言われた瞬間は、その言葉の意味をよく理解できませんでした。

甲子園へ戻って来い――。

渡辺監督はどういう思いでそう語りかけてくださったのか、18歳の私は分からなかった。理解できないままに時間だけは過ぎていきました。でも、指導者を目指して日体大へ進み、実際に教員となり高校野球を指導する立場になった今なら、当時の言葉の意味が分かるような気がします。今振り返れば、まるで何かに導かれるように進んでいった私の人生。不思議な力も後押ししてくれたでしょうか。いずれにせよ、私は晴れて教員になることができました。大学卒業後に初めて着任した先は、神奈川県立霧が丘高校。

保健体育の教員として、私は新たな道を歩み出すことになったのです。

主将として臨んだ2004年夏の甲子園は、準々決勝で敗退。その際、渡辺監督からかけられた言葉は、その後の村田氏（右端、左隣は涌井秀章）の人生を示唆しているかのようだった

第四章

公立校・白山高校監督での経験値

霧が丘高から監督として白山高へ

2009年、春。

神奈川県の教員採用試験を突破した私が、初めに着任したのは県立霧が丘高校でした。当時、すでに野球部には監督がおられたので部長という立場でしたが、教員1年目から野球部に携わる機会をいただいて高校野球の指導者としてのキャリアをスタートさせました。指導者としての一歩を踏み出した私は、情熱を持ってチームを見守りました。霧が丘高校は神奈川県内でも決して強豪とは言えませんでしたが、野球部に携わり、子供たちと白球を追う中で、私は学校の先生方にこう誓いました。

「県立校で強いチームを作って、絶対に夏のシード権を獲ります」

神奈川県の場合、夏の県大会のシード権は春季大会ベスト16以上に与えられる。それまでの実績は関係ない。たとえ実力がともなわなかったとしても、明確な目標に向かって戦いに挑む。強豪校とは言えない県立校でも「やればできる」ということを証明したかったのです。着任当初に「シード権を獲る」と誓った時、私の言葉に周囲から笑いがこぼれたのは事実です。失笑という言葉のほうが正しいでしょうか。それでも、「県立校でも本気でやれば変われる。どこまでもいける」。私はそう信じて疑わなかったのです。

しかし、現実は厳しく、チームとして勝ち上がることはなかなかできませんでした。歯がゆさもありながら、悶々とした日々を送る私は、いつしか「監督をやりたい」と願うようになっていきました。もちろん、県立高校の一教員です。人事異動というのは私の一存だけで決まるわけはありません。それでも、私は異動願いを出して、わずかな希望にかけました。そして、願いが叶ったのが13年のことです。異動が決まり、監督として高校野球に携わるチャンスをいただいた私は、希望に溢れていました。

着任先は、神奈川県横浜市緑区にある県立白山高校です。もちろん学校名は知っていましたし、神奈川県内における野球部の位置付けも分かっていたつもりでした。でも……実際に見た野球部の現状に、私は驚かされることばかりでした。グラウンドは雑草だらけで、「打ったら早く帰りたい」という考えからローファーの靴を履いて打撃練習をする部員もいました。要するに、彼らにとっての高校野球は「遊び」の延長。正直なところ、それまで私が見てきた高校野球とは到底言えない現状が、目の前に横たわっていました。

「県立校で甲子園に行く」

教員を目指していた当時の思いを、軽々しく口にできる状況ではありませんでした。

前任監督からバトンを譲り受けて13年秋から監督となった私は、まずはグラウンドの草むしり、そして道具集めから始めました。初めのうちは、自分自身のポケットマネーで道具を購入。ボールにバット、道具を入れて置く倉庫も買いました。グラウンドにはネットもなかったので、ゴルフ場に片っ端から電話をかけたこともありました。ネットを譲ってくれるゴルフ場が見つかったのは、30件目の電話でのこと。まさに、ゼロからのスタート。すべて一から野球部を立て直していきました。

一年一年を辛抱強くやっていこう。階段を一段一段、着実に登っていこう。今、目指すべきところは甲子園ではない。やれるべきことを一つ一つ積み重ねていこう。私はそう誓いながら、白山高校野球部、そして子供たちと真剣に向き合う覚悟を決めました。監督に就任して初めての練習には、部員の大半が練習に現れない状況でした。実際は11人ほどの部員がいたのですが、グラウンドに顔を出したのはたったの4人。保健体育の教員ですので、体育の授業で行うソフトボールを見ながら、私は野球ができそうな生徒に声をかける日々を続けました。すると、少しずつ部員が増えていった。そして、野球部の空気も変わっていきました。

「練習はきついけど、楽しいよな」

グラウンドに集まる10人ほどの部員からは、そんな声が聞こえるようになったのです。

オフシーズンの冬場、そんな彼らは真剣に高校野球と向き合ってくれました。「試合で勝たせるしかない」。私の思いも徐々に熱を帯びるのがはっきりと分かりました。すると、翌年春の地区大会で、白山高校は同校にとって久しぶりの公式戦勝利を挙げました。県大会でも、神奈川県内の強豪公立校に勝ってベスト32。子供たちと私の関係性に確かな「つながり」が生まれ、県内における白山高校の立ち位置も変わるきっかけとなった瞬間でした。

少しずつ変化していく野球部。練習試合でデッドボールを受け、相手投手にバットを投げていたような選手が、高校最後の夏には変わった。確かな成長を遂げたのです。夏の神奈川県大会直前、その選手はノックを受けていた際に骨が剥き出しになるほどの大怪我をしました。近くの病院へ行くと、夏の大会は間に合わない……。その選手は泣き崩れました。それでも、私は諦めることができなかったし、彼も諦めていなかった。すぐに横浜市内の総合病院でボルトを入れる手術をして、夏の初戦を迎えました。左翼手だった彼は、本来の守りはできませんでした。それでも、試合に出場しました。大差でコールド負けが濃厚の状況で、彼は最後の打席に立ちました。右手一本で打った、あの打席……。

また、当時の主将は、自らも骨折しながらチームを献身的に引っ張ってくれました。チームメートの大怪我を見て、自らの怪我は、ひた隠ししながら。骨折していた事実を私が知ったのは、大会を終えてからのことでした。

そんな子供たちと駆け抜け、監督として初めて挑んだ1年目の夏。結果的には初戦でコールド負けを喫しましたが、当時の子供たちがチームに残してくれたものは、かけがえのないものばかりでした。白山高校にとって、そこが本当のスタートだったと思います。翌年には、夏として久しぶりの勝利を掴みながら、私学の武相高校相手に善戦しました。結局は、リードを奪う展開もありながら4対6で負けてしまうのですが、私学相手にも十分に戦える手ごたえを感じたものでした。そのあたりから部員が一気に増え、白山高校野球部は、さらに県内における立ち位置を確かなものにしていきました。

目指したのは「おにぎり型」のチーム

ただ、野球部が大所帯になることで弊害が生まれていきました。要するに、指導が行き届かなくなってしまったのです。限られた指導者で、多くの子供たちを一人一人指導することの難しさを私は痛感しました。そこが私自身の勉強不足、その時点での実力不足だったと、今となっては反省するところです。

本来であれば、一生懸命に野球と向き合い、練習に励む選手を認めてあげなければいけない。それなのに、目が行き届かないばかりにそういった子供たちを見過ごしていた。野球の技術だけで判断してメンバーを組み、試合に挑むことが多かった。技術があるだけに、ある程度は勝ち進みます。でも、いざ公式戦の大事な試合ではミスによって負けてしまう。その繰り返しで、悩むことがありました。結局は、技術がある選手に対しても「やる気がないなら野球部を辞めてくれ」と言ってしまう状況になり、すべてが悪循環になっていた頃がありました。実際に能力がある多くの選手が野球部を去った時期があった。そして、一生懸命に野球と向き合う選手に、光を照らしてあげられなかった時期があった。どちらにおいても、子供たちをしっかりと指導することができませんでした。

指導において、野球の技術だけを求めてはいけない。一人一人に目を向け、真剣に野球と向き合う姿勢をしっかりと認めた上で、それぞれの選手を評価しなければいけない。

改めてそう思い、その経験から指導者としての方向性を再確認していったのです。

私は、独自で勉強して指導者としての道を切り開いていこうと思っていました。高校時代、横浜高校で捕手として、そして主将として叩き込まれたものがある。それを「県立校バージョン」に変えて、白山高校でも指導していこうと思っていました。ただ、部員が100人ほどになってグラウンドが手狭になった頃、一度だけ神奈川県の私学校である向上高校へ行って、その練習システムを勉強させてもらったことがありました。大所帯の向上高校が、どのような練習をしているのか。いかに効率よく練習を回しているのか。その流れを知りたかったのです。

どのようにして、子供たちのマインドをコントロールしたらいいのか。徐々に大所帯になっていった白山高校において、それが大きな課題でもありました。狭いグラウンドでも、いくつかのグループに分けてそれぞれの練習場所を確保してあげることは大切です。そして、選手それぞれを評価してあげる。その重要性にも気づかされました。

そこで、私は野球部の「通知表」を作りました。チームには「もち型」と「おにぎり型」があると思っています。一粒一粒が際立ち、その集合体となっていくのが後者です。要するに、「おにぎり型」では選手一人一人が輝いて初めて本物のチーム力が生まれる。私はそういうチームを目指したいと思っていましたし、今でもその考えが変わることはありません。その「おにぎり型」では、目に見える形でしっかりと評価してあげないとそれぞれが際立ってこない。通知表は、その取り組みの一環でもありました。来月の目標、あるいはチーム打率を加えながらその時点での打率を記したり、失策数を書き込んだりするＡ４用紙の評価表。当事者たちだけではなく第三者の評価も必要だと思い、保護者の方のコメント欄も作り、それぞれの目によって子供たちを評価してあげることにしたのです。１カ月に１回の通知表は、子供たちの力を引き出すためには有効的なツールだったと思います。

指導者に求められるもの。それは想像力や発想力、そこから生まれるアイデアもその一つではないでしょうか。先人の方々が生み出し、そして今でも取り組んでいる練習メニューがある。長年、受け継がれてきたものには良いものがたくさんあります。それに加えて、今の指導者に求められるのは、子供たちにとって何が一番いいのか、どういう練習が子供たちの力を引き上げるのか、それを常に考える柔軟な思考だと思います。そこには、新たな発想、新たなアイデアも必要になってくると考えています。

白山高校時代には、技術の練習以外にも「何でもナンバーワン」と題して、子供たちに各場所のナンバーワンを見つけ出してきて、それを発表する会を設けたこともありました。売上げナンバーワンのラーメン屋でもいいのです。実際に出向いて店長に話を聞き、それをまとめてみんなの前で発表する。そこでは気づきや発想力、そして行動力と伝える力が必要です。楽しみながらも、子供たちの感性を磨くには効果的な〝練習メニュー〟だったと思います。

毎年、冬になればクリスマス会も行いました。1年間の苦労を吹き飛ばし、それぞれが労うその会には保護者の方も呼びました。炊き出しをしながら笑って過ごすその時間が、私は好きでした。そして、大切な時間だったと思っています。私は、大事な子供たちの人生を預かっている。もちろん、その責任は感じていますし、子供たちとともに真剣に高校野球と向き合う覚悟はあります。その一方で、保護者の方と一緒に子供たちを教育していきたい、そして見守っていきたいという思いがありました。クリスマス会は、それぞれの「つながり」を深める機会にもなりました。

常に身近で支えてくれた美術の竹田先生

つながり――。

人と人との結びつき、そしてそこにある「支え」を強く感じたのも、白山高校時代でした。高校野球への思いや子供たちの思いを大切に、熱量を失うことなく指導していたつもりでも、どうしても「一人では限界がある」と感じることがありました。そんな時に、支えてくれたのは私が横浜高校時代にお世話になった方々や仲間でした。ボールを何ダースも送ってくれたり、私の悩みを正面から受け止めてくれたりする方々がいた。その「つながり」には、今でも感謝の言葉しかありません。また、常に身近で支えてくださった方もいました。いつも傍にいてくれた竹田一宏先生です。白山高校野球部の部長を務めてくださった竹田先生は美術の世界では有名な先生です。でも、野球経験はない。それでも、監督を務める私を常に傍で支えてくれました。白山高校で自分の考えをブラさずに突き進んで行くことができたのは、竹田先生がいたからです。

「情熱をぶつけて、とにかく暴れろ。何かあっても俺が全部面倒を見るから」

そんな言葉をかけてくださり、白山高校野球部の変化をずっと見守ってくださいました。

私は一度、周囲からの風当たりや指導で悩む中でノイローゼになりかけた時期がありました。そんな時も、竹田先生が私を救ってくれました。

「箱根に行くぞ」

唐突にそう言った竹田先生に導かれるように、私は家族も連れて箱根へ行きました。結婚以来初めてと言っていい妻との旅行。野球の練習を休んで出掛けたのも初めてでした。2泊3日の旅です。その道中で、竹田先生が案内してくださった箱根のとある神社に私たちは行きました。パワースポットとして有名なその場所に行った私は、大きなエネルギーをもらったような感覚になりました。

人生が変わった。

そう言っても過言ではありません。今でも毎年必ずその神社に行くのですが、訪れるたびに目に見えない力を感じます。人生の一つの転機をもたらしてくれた竹田先生には、感謝の言葉しかありません。支えてくださる方が身近にいてくれたおかげで、今の私があるとも思うのです。

5度目の夏でベスト8へ進出

監督として迎えた5度目の夏。

全国高等学校野球選手権大会は第100回という節目の年を迎えました。その年の春季神奈川大会でベスト16となった白山高校は、第2シードとして記念大会に挑みました。

北神奈川大会2回戦（初戦）で厚木西高校を10対0で下すと、勢いそのままに3回戦では浅野高校を15対2、4回戦では厚木北高校を5対2で退けてベスト8に勝ち名乗りを上げました。勝ち上がるたびに高まる士気。準々決勝を前に、私たち野球部の熱量はさらに増すばかりでした。

大一番を迎えるにあたって、3年生全員とレギュラークラスの下級生は新横浜のホテルに宿泊しました。日頃からミーティングは徹底していましたが、その日もみっちりと2時間ほど対戦校である横浜商大高校の分析や、自分たちの野球を確認し合ったのを今でも鮮明に記憶しています。保護者や学校のご協力の下、万全の準備をして試合当日を迎えることができました。私学校との準々決勝。県立校の白山高校は、8回まで1対0とリードしました。勝てるとしか思っていなかった。それが私の率直な思いです。勝てる要素はいくつもありましたし、何よりも子供たちの勝利への執念を感じていました。勝利を疑うことはなかった。しかし、リードを奪う中で、それまで好投していたエースが足をつってしまいました。もちろん、そういうことも想定して食事面から細心の注意を払っていたつもりでしたが、独特の緊張感から予期せぬアクシデントに見舞われたのです。結局、最後は押し出し四球を与えてしまい、1対2で横浜商大高校に敗れてベスト4を逃しました。

振り返ってみれば、私自身の指導や采配における反省点はありました。投手陣の底上げ、大会期間中での投手起用など「もっとこうしておけばよかった……」ということはありました。白山高校としても、準々決勝という壁を打ち破るだけの力がなかったのは事実かもしれません。準々決勝から先の戦いを勝ち切るためには、チームの歴史や伝統という要素が必要となる。言い換えれば、そういった要素が大きなエネルギーとなり、優勝に近づいていくことがあるのも高校野球だと思います。その時点で、白山高校には歴史や伝統がなかった。勝つたびに「野球部史上初」という言葉が躍ったものでした。最後は大きな壁を乗り越えることができなかった。

それでも、私は思うのです。当時の子供たちは、確かな実績を残してくれた、と。そして、白山高校にとっての新たな歴史をしっかりと築いてくれたと思うのです。その夏の経験を経て、白山高校は２０２１年のセンバツ大会における神奈川県の21世紀枠候補に選出されました。それは私にとっても、指導者として白山高校時代に積み上げてきたものが一つの形として表れた瞬間でもあり、嬉しさがこみ上げたものでした。神奈川県の県立校の場合、着任から長くても7年〜10年で異動があります。指導者という立場で言えば、「やっとチームが出来上がってきた」と思った時に、他校へ異動となってしまうケースが多々あるのです。でも、私はそういう状況を言い訳にはしたくなかった。限られた時間で、どれだけできるか。常にそう思って勝負していたつもりです。結果的に「県立校から甲子園」という願いを叶えることはできませんでしたが、やるべきことを貫き通し、部員4人からスタートした野球部を最後は私学校と同等に戦えるまでに引き上げることができたと実感しています。また、「本当に白山高校で野球ができてよかった」と言ってくれる卒業生がたくさんできたのは、私にとって何よりも嬉しいことです。当時の教え子たちが開くＯＢ会にはいつも40人ほどが集まります。その「つながり」ができていることを誇りに思い、私は今、つくづく嬉しさを噛みしめるのです。

忘れられない『3月1日』

指導者としての礎を築くことができた白山高校に、私が別れを告げたのは2020年3月のことです。前述した通り、母校・横浜高校での監督になることを決断したのが2月。3月末をもって、神奈川の県立校での教員を退職することになったのです。新たな挑戦が始まる高揚感がある一方で、白山高校を離れることは辛かった。それまで多くの時間をともにしてきた子供たち、そして7年間という歳月を過ごさせていただいた学校に対し、申し訳ない気持ちがあったのも事実です。

年度末の3月と言えば、各学校において教員の異動が発表される時期です。ただ、正式に異動が公表されるのは、新年度が始まる直前。つまり、たとえ異動が分かっていたとしても、一般的にはその事実を他言することはできないし、3月末までは着任している学校の職務を全うしなければいけません。神奈川県の教員を退職し、新年度から新たな学校へ移ることが決まっていた私も例外ではなく、その事実が公になることを避けなければいけない立場でした。また、ちょうどその頃は世の中に新型コロナウイルスが蔓延し始めていた時期です。各公立校は3月上旬から新年度の入学式まで休校。一旦、部活動もできない状況になりつつある頃でした。

「子供たちに会うこともできずに、何も伝えられずに白山高校を去ることになるのか……」

やるせない気持ちでいっぱいでした。

「でも、その状況だけは回避したい。せめて一度、子供たちに直接会って事実を伝えたい」

私はそう強く思ったのです。そして、白山高校のありがたい配慮の下で、私は『特別な時間』を作っていただきました。

今でも決して忘れることがない、20年3月1日。

学校が休校となる前日、私は野球部部員の保護者の方々に集まっていただき、学校の会議室で現状を説明させていただきました。その後、保護者の方々とグラウンドに移動して、練習に励んでいた70名ほどの子供たちを集めて事実と思いを伝えました。

「白山高校にいられなくなった……」

私がそう切り出すと、子供たちは言葉を失ってしまいました。しばらく沈黙の時間が流れました。突然に学校へ呼び出された子供たちは、「何かある」と薄っすらと感じ取っていたと思います。巷では「横浜高校の監督は誰がやるのか」「村田がやるんじゃないか」という噂も飛び交っていた時期です。もしかしたら、私が事実を伝える前に子供たちはすでに覚悟ができていたかもしれません。それでも……。

「どこへ行くんですか?」

沈黙の後、子供たちにそう尋ねられた私はこう語り返すしかなかった。

「それはまだ言えないんだ……」

再び訪れた沈黙。そしてその後、子供たちはいっせいに声を上げて泣き出しました。辛かった。その時間が、本当に辛かった。私は、彼らの姿を見て頭の中が真っ白になってしまいました。

でも、子供たちは誰一人として文句を言いませんでした。大粒の涙の奥で、私を応援してくれるような、新たな道で挑戦する私を力強く送り出してくれるような、そんな空気で私を見つめてくれる子供たちがそこにはいました。その姿に、私は救われたような気がしましたし、彼らに対する感謝の気持ちでいっぱいになりました。

子供たちと私の間に、確かな「絆」ができていたと思えた瞬間でもありました。そして、子供たちとの特別な時間を経て、私は心の中で強く決意しました。

「白山高校での経験を生かして、横浜高校でも絶対にやってやる」

忘れられない『3月1日』を思い出すたびに、今でも私は胸を熱くするのです。

神奈川県の高校野球への恩返しに、という思い

『練習で泣け、試合で笑え』

そんな言葉を掲げて駆け抜けた白山高校での7年間。少しずつ、それでいて確実に私

の思いはチームに浸透していきました。本気で指導するからこそ、子供たちは本気でぶつかってきてくれる。そして、我々指導者の思いを本気で理解しようとしてくれる。グラウンドで涙を流し、試合で喜びを爆発させる。最後はそんなチームになったと思います。何度も言いますが、白山高校での指導は私の原点。県立校で過ごした日々が、私自身を変えてくれたと思っています。内野のスペースしかないグラウンド。フリーバッティングすらできない。そういう環境で、いかにして勝つかを追い求めた。試行錯誤の日々。そこには、周囲の方からの大きな支えもあった。そして、何よりも大きな存在だったのが7年間で出会った子供たちです。彼らとともに泣いて笑った日々。そこでは、子供たちに改めて気づかせてもらったことがたくさんありました。今の私があるのは、子供たちのおかげ。横浜高校の監督であっても、指導者としてブレずに突き進むことができているのは、白山高校時代の経験と出会いがあるからこそだと感じています。

県立高校の教員だった私が、横浜高校でしっかりと結果を出し、甲子園に出場、そして全国制覇を成し遂げることができれば、県立高校に向けたメッセージにもなると思っています。県立高校だから、あるいは私学だから。そんなことは関係ないということを証明することができるとも思っています。横浜高校の再建に向けて、私は情熱を持って歩んでいきたい。その歩みは、ひいては県立校への恩返し、または私を育ててくれた神奈川県の高校野球への恩返しになると信じています。

白山高校時代は、野球部の監督である一方で美術部の顧問も務めていました。白山高校から横浜高校へ移る時、私は美術部の教え子から一枚の絵画をもらいました。舞台は甲子園球場です。晴れ渡る空、鮮やかな緑が映える芝生。半年かけて描いてくれたその油絵を、私は今、横浜高校の長浜グラウンドにある一室に飾ってあります。

指導者としての原点を思い出し、目指すべき甲子園の舞台に思いを馳せ、私は母校のグラウンドに立つのです。

苦楽を含め、村田監督（左端）は白山高校監督時代にはさまざまな思いを味わったという

第五章

目指すべき「教育」と「勝利」

高校時代は「変われるチャンス」

多感な時期を迎える高校生というのは、言わば「大人」になる一歩手前です。無限の力を持ち合わせ、秘めたエネルギーによって大きく成長できる時期が高校時代だと思います。柔軟な思考もある。だからこそ、選手として、または一人の人間としても「変われるチャンス」が大いにあるとも言えます。指導者の立場で言えば、「変えられるチャンス」があるのです。

たとえば、大学生ならどうでしょうか。それまでの経験から培われた固定概念やプライドが邪魔をして、大学4年間で飛躍的な変化を得られる人はそれほど多くはないと思います。もちろん、本人の強い意志の下で「俺は変わる」と願い、大きな変化に辿り着く大学生もいるでしょう。それでも、多くの場合は前者。変化を恐れてしまい、前へ踏み出せない人も少なくはないはずです。そういった意味でも、「変われるチャンス」が大いにある高校生の指導は、それぞれの人生を考えても重要な役割を担っていると私は思うのです。

無限の力を、いかにして引き出してあげることができるか。

それは指導者にとって大きなテーマであり、必要な思考だと思っています。

野球というスポーツには、人生において大事な要素が詰まっている。そう信じている私は、まずは「子供たちを育てる」ことを念頭に置いて指導しているつもりです。もちろん、野球の技術が向上する環境を作り、子供たちが飛躍的に技術力を上げていくことも「育てる」ことにつながります。高校野球の指導者である以上、その目的も忘れてはいけないと思っています。ただそれ以上に、私が求めるのは野球を通しての人間力の育成です。

どういう人間を育てるか。

そのことを常に考えて、出会った子供たちと本気で向き合っています。

たとえば、3年生にとって高校最後の夏。大会を前にして、ベンチ入りメンバーが発表されて背番号が渡されます。3年生と言えども、背番号をもらえる選手もいれば、もらえずに最後の夏はスタンドの応援に回る選手もいます。背番号をもらった選手は仲間の思いを背負って戦う。一方、もらえなかった選手は、チームを代表して背番号をつけてグラウンドでプレーする選手を心から応援する。それぞれに思いの背負い方は違ったとしても、同じ方向を見つめられるチームであってほしい。ベンチ入りをかけた競争に負けたからと言って、仲間を応援できない人間にはなってほしくない。指導者という立場で言えば、そんな人間を育てたくない。グラウンドとスタンドが一体になる。それぞれの歩んできた過程や結果を、みんなが認め合い、みんなで勝利に向かっていく。そんなチームを常に築きたいと思うし、それぞれの立場で最後まで輝きを放てる人間を育てたい。私はそう思っています。

監督ではなく、親にならなければいけない

子供たちを育てる上で、もっとも大切なものは指導者、あるいは大人の愛情だと思い

ます。今の時代、子供たちとの距離感に悩む指導者は多くなっているかもしれません。「指導が難しい時代になった」。そう感じる人は多いかもしれません。厳しく叱れば、何を言われるか分からない。その状況を嫌い、なるべく叱らないようにしている指導者は少なくない。でも、それでは愛情がなさ過ぎると私は思うのです。しっかりと叱るべき時は、叱ってあげる。それは指導者として、あるいは教育者としても大切なことではないでしょうか。「叱る」という行為には、ものすごくエネルギーが必要です。でも、子供たちに対する愛情があるからこそ、叱らなければいけない時がある。厳しく接してあげなければいけない時があるのです。「愛情」と「厳しさ」は、その単体の意味だけを考えれば、相反する言葉かもしれません。でも、指導という観点から言えば、それぞれの根底には共通の要素がある。それはつまり、「子供たちを育てる」上でもっとも大切な愛情なのです。

余談になりますが、幼い子供が初めて覚える日本の平仮名は「あ・い・う・え・お」から始まります。「あ」は愛情です。「い」は命、「う」は運。そして「え」は縁、「お」

は恩。そう置き換えて考えると、生きていく上で大切な5つの要素が、平仮名の初めの一行に詰まっていると思うのです。その中で最初の一文字、幼い子供が初めに覚えるのが「あ」です。つまりは、もっとも大切なものが愛情なんだと、私は思うことがあります。

愛情とは深く、尊いものです。かつて、鹿児島県は南九州市にある『知覧特攻平和会館』を訪れたことがあります。太平洋戦争末期に旧陸軍の特攻基地が置かれた知覧という土地にある特攻平和会館には、戦争の悲惨さや命の尊さを教えてくれる数々の資料が保存されています。飛行機もろとも敵艦にぶつかっていった陸軍特別攻撃隊員の遺影や遺品の数々を目の当たりにして、私は多くのことを考えさせられました。その中でも、自らの死を覚悟しながら特攻隊員が家族に宛てた手紙には、胸が締めつけられるような思いになりました。その手紙の8割が母親に宛てられたものでしたが、そこに書かれる文章を見ながら、家族の尊さも感じたものでした。そして、高校野球の現場で子供たちの人生を預かる者として、私は改めて思ったのです。

監督になろうとしてはいけない。親にならなければいけない、と。

子供たちにとって、家族という存在はかけがえのないものです。かたや親にとっての子供というのは、無条件で愛せる存在。だからこそ、子供の成長を見続ける。時には本気で叱りながら、多くの愛情を注いで見守り続けるのです。そこには、太い絆もありま す。私はそういう存在であり続けたいと思うのです。母親になることはできないが、父親にはなれる。家族のような存在にはなれると思っています。

思えば、高校時代の私も渡辺監督に家族のように接してもらいました。グラウンドでは愛情を注いでもらいながら厳しさも加えて指導をしていただき、練習が終われば本当の家族のように接してもらいました。だからこそ、卒業してからもＯＢの方々が長浜グラウンドに足を運ぶ。子供たちは、〝家族〟のもとへ帰ってくる。私もそういう指導者であり続けたいと思うのです。

いかにその年のチームカラーを見抜くか

寮生がいたり、自宅から通う者もいたりする横浜高校には、様々な顔ぶれの子供たちが入学してきます。それぞれに個性を持った子供たちが、それぞれの代でチームを作り上げていきます。選手の顔ぶれが変われば、当然のようにチームカラーは変わってくる。練習の質や量も、それぞれの代によって微妙に変わってくるものです。その状況を見極め、チームを形作っていくことも指導者に求められる重要な要素だと思います。

いかに、その年のチームカラーを見抜けるか。

たとえば、旧チームでは当たり前だったプレーでも、新チームになれば当たり前ではないプレーになることがあります。「分かっていた」ことも「分かっていない」。世代が変われば、そういう状況になり得ることもあります。そのため、代変わりをした時に「分かっているだろう」という感覚で子供たちに接してしまうことが、指導者としてはもっとも危険なのです。前の代ができていたから、次の代もできるだろう。そういう感覚でチームを作ろうと思っては、大きな落とし穴が待っているものです。人が変われば、まったく違う戦い方になります。だからこそ、私はまったく同じチームを作り続けようとは思わない。その代にあった野球で勝負したい。私の高校時代、3年時は「打撃は最大の防御」と言う渡辺監督の下で、強打を売りにしたチームで勝負しました。2年時（2003年）にセンバツ準優勝したチームとも、カラーは違った。2年秋に神奈川県大会二回戦で横浜隼人高校に敗れてから猛練習。チームとして打撃を強化しながら、翌年夏は圧倒的な力で神奈川を制して甲子園に出場しました。甲子園では準々決勝で駒大苫小牧高校に敗れはしましたが、秋の国民体育大会では夏に苦汁を飲まされた駒大苫小牧高校を一回戦で下しながら優勝。最後は強打のチームとして頂点に立つことができました。

だからと言って、私は毎年のように「強打、強打」と言う指導はしたくない。もちろん、目指すべきもの、理想とする野球は、指導者それぞれにあるものだと思います。その思考を軸としてチームを作っていく指導を否定するつもりはありません。ただ、それでは指導者が楽をしているだけのような気がするのです。毎年、同じようなことはしない。それぞれの代でカラーの違う野球をしていきたい。

固定概念にとらわれることなく、一人一人の力量とプレースタイル、そして性格や人間性も見極めながら、毎年のようにゼロからしっかりとチームを作っていく。

その考えを源流とした指導を常に持ち続けたい。それこそが、横浜高校の伝統でもある。私はそう感じています。

すべてを管理をしない。それが横浜高校の野球

横浜高校の伝統で言えば、すべてを管理しない野球もそうです。前述した通り、チームには「おもち型」と「おにぎり型」があります。ともに同じお米からできる両者も、そのとらえ方や意味は異なります。指導者としては、前者のようなチームを指導したほうが楽でしょう。一つの大きな単体としてとらえる「おもち型」に対しては、一つの指

示だけで事が済む。あるいは一つの管理スタイルでチームは成していく。ただ、それでは何の変わり映えもしない単純なチームになってしまいます。子供たちは、言われたことしかできなくなってしまうのです。かたや、「おにぎり型」はチームの中でそれぞれが輝きを放ち、その集合体として初めてチームとして成立する。集団の中にある一つ一つの光を大切にしてあげるのは、「おにぎり型」のチームの指導となります。横浜高校は、まさに「おにぎり型」です。私の高校時代もそうだったように、それこそが変わらない伝統だと思います。

何かを押しつけ、抑えつけた指導では、子供たちは伸びていかない。本物の成長はないと思っています。それぞれの特徴を見極め、あるいはそれぞれの立ち位置を確認しながら、それぞれに合った指導を行う中で、個の光はどんどんと大きくなります。その光たちがそれぞれの能力を発揮していけば、チームとしても強固な集団となっていくはずです。そんなチームは、時として我々指導者の想像を超えていくことがあります。劇的にチームが変わる瞬間とでも言うのでしょうか。白山高校で監督を務めていた時、そういう瞬間が何度もありました。初めて夏のシード権を獲った時、あるいはベスト4をかけた準々決勝で私学相手に同等の戦いを見せてくれた時などは、チームが監督を超えたと実感したものでした。監督である私が指示を出さずとも、子供たちがそれぞれに考えて行動する。そして、私のイメージをはるかに超えるプレーを見せてくれる。

「監督、分かっていますよ」

まるでそう言っているかのように、それぞれが伸び伸びとやる中で、良い意味で勝手にプレーする。そんな空気を持ったチームは、最後は本物のチームになっていくものだと思います。

子供たちは、ちょっとしたヒントを与えただけでも一気に成長します。でも、指導者側がヒントを与え過ぎてはいけない。やらされる練習では、大きな成長につながらない。だからこそ、すべてを管理をしない。型にはめない。私はそういう指導をしていきたいと思うし、それが横浜高校の野球だと思っています。たとえば、試合となればバントのサインが出たとしても、内野の動きを見ながら打者がヒッティングに切り替えることがあります。あるいは、ヒットエンドランのサインでも走者のスタートが良ければ打者は打たずに盗塁に切り替える。日頃からそういう練習をしていることもありますが、選手それぞれが状況に合わせたプレーができるようにしています。すべて型通りにやっていたら、うまくいかない。いろいろと想定して、それぞれの判断もありながらプレーしてこそ、突破口が見出せることがあるものです。

やらされる練習ではなく、それぞれが考えて自らのスタイルを磨いていく。そして、選手それぞれが「考える野球」を身につける。それが横浜高校の最大の強みだとも思うのです。

もちろん、攻撃におけるリードの仕方など、チームとしての徹底事項はいくつかあります。プレー以外でも普段の挨拶や行動など、教育的観点からも大事にしなければいけないものは徹底しています。ただ、チームを作っていく上では、子供たちに伸び伸びとやってほしい。やらされる練習はしてほしくない。型にはまった選手にはなってほしくない。指導者としては、そういう考えが根底にあります。身長や体重、骨格や手足の長さは、それぞれに違うものです。打撃フォームでも、選手それぞれに合ったものは違うはずです。子供たちには、個性がある。それぞれに味がある。能力が高い選手なら、どんどんとその力を伸ばしていけばいい。そしてチームを引っ張っていってくればいいのです。一方で、限られたベンチ入りメンバーの中で脇役に回らなければいけない選手もいます。そんな選手でも、自らの立ち位置を見つめ、その時々でできる最高の仕事をしてほしいと思うのです。自分自身を知り、それぞれの立場で、それぞれが自覚と責任を持って行動する。そして、個性が光る集団になってほしい。それぞれが持つ輝きを潰したくない。100人いたら、100通りの指導があると思いますが、私は個性が輝き続けるチームを常に作っていきたいと思うのです。

反省、フィードバック、そして実行

大きな可能性を秘め、眩しいばかりの個性をそれぞれに持った子供たちと同じ時間を過ごしていると、逆に私自身が学ぶことがあります。一人一人と面談することもあるのですが、そこでは「気づかされる」。そう表現したほうがいいかもしれません。その毎日の練習での「気づき」を、私は紙にしたためるのです。それは、チームとして作っている「カルテ」というものですが、私の「気づき」を子供たちと共有しています。カルテには、私が気づいたことや思っていることを記します。または、その時々の選手の体の状態や怪我についても書きます。そのためにどういう治療が必要か、今後はどういう取り組みをしていったらいいのか。それぞれの個が持つ特徴や課題などを記したカルテを通して、今やるべきことを一緒に確認し合います。

一方通行の指導では、相手に思いは伝わらないものです。それでは、子供たちには指導者の言葉や思いは響かないだろうし、響かなければ成長することもないと思います。日々の練習でもそうです。指導者の固定概念にとらわれた通り一辺倒の指導では、それぞれの個性は輝きません。だからこそ、大切なのは指導者が子供たちの現状をしっかりと把握した上で、その日その日の練習メニューを決めていくことだと思います。

前日の練習を踏まえて、私は当日の朝に練習を考えます。多くの指導者がやっていることだと思いますが、投手、捕手、内外野に分けて、今それぞれに必要な練習は何か。それぞれの選手が何を求めているのかをはっきりとさせた上で、練習メニューを組みます。日々のメニューはその都度ホワイトボードに貼り出して練習が行われるのですが、子供たちは明確な目的意識の中で課題と向き合うのです。そこで大事になってくるのが子供たちへのフィードバックです。見えた課題や反省を生かした練習でなければ、本当の意味での練習とは言えない。試合でもそうですが、「やりっ放し」がもっとも良くないのです。子供たち自身が気づく課題もありますが、指導者から見えた課題や反省を子供たちへフィードバックし、練習メニューに取り入れることは大切だと思います。「鉄は熱いうちに打て」という諺がありますが、まさにその通り。「やりっ放し」で終わるのではなく、反省、フィードバック、そして実行。その要素を繰り返すことで子供たちは着実に成長し、それぞれの個性も磨かれていくのだと思います。

『全国制覇』と『進路実現』というダブルゴール

その過程を経て、横浜高校としての野球は確立されていく。チームとして目指すべきものは、甲子園出場であり、全国制覇です。それは歴史と伝統を持った横浜高校として、変わらない目標です。ただ、私自身が指導者として求めるものはそれだけではありません。

『全国制覇』と『進路実現』。

つまりは『ダブルゴール』こそが、横浜高校の監督として求める最たるものです。

甲子園出場、そしてその先にある全国制覇という目標だけで終わらせたくない。

「甲子園は通過点」

横浜高校を長きに渡って率いた渡辺監督は常々そう言います。そして、恩師はこうも言い続けるのです。

「人生の勝利者たれ」

まさに私も同じ思いです。甲子園を目指し、全国制覇を成し遂げることは大きな目標であることに違いはありません。高校野球でプレーする子供たちにとって、「甲子園があるから頑張れる」「全国制覇を達成したい」という思いは純粋で当然のことだと思います。伝統ある横浜高校のユニフォームを着たいと思って入学してくる子供たちの誰もが、その思いを強く抱いているのは事実です。母校を率いる私にとっても、全国制覇は何としてでも成し遂げたいものだし、横浜高校に入学して巡り会った子供たちに、その頂を見せてあげたいという思いは強い。そして同時に、私は子供たちの人生についてもしっかりと考えてあげる責任があるとも思うのです。

高校野球を終えてからの人生には困難なこともあるでしょう。誰もが順風満帆な人生を送れるとは限りません。それぞれの人生には、いろんな局面が待ち受けているものです。甲子園に行くこと、あるいは高校野球で日本一になることだけを目指して、高校卒業後に路頭に迷うような人間にはなってほしくない。社会を渡っていくためには、生き抜く力は大事ですし、高校野球を通してそういうものを身につけてほしい。私は心からそう思うのです。そのためには、卒業してからの人生もしっかりと考えられる人間になってほしい。自身の「進路」を真剣に考え、その目標に向かって歩んでいける、そんな人間になってほしいと思うのです。

私自身、高校時代に学んだことは数多くありました。全国制覇を目指す中で、何事にもトライする気持ち、あるいは人の大切さを学びました。そして、我慢の大切さもそうです。高校生ならアルバイトもしたいだろうし、遊びに夢中になる年頃です。でも、そんな時代に理不尽なこともありながら我慢することを覚えて、強くなれた。高校時代に我慢したからこそ、今がある。教員を目指して大学へ進学し、実際に教員となり高校野球の監督となれた私はそう実感するのです。

大学時代、あるいは社会に出てからも、横浜高校野球部ＯＢという目で周囲から見られることはたくさんありました。横浜高校出身というだけで、私が思っている以上に大きな期待を寄せられる。野球ならなおさらです。どんなプレーでも「できて当たり前」。

そういう重圧があったのは確かです。「横浜高校ってその程度か」。そう思われるのが悔しかったし、それだけのものを背負っている自覚と責任もあったので、私は良い意味でプライドを持ち続けなければいけなかった。教員として白山高校に着任した当初もそうです。「横浜高校の野球部ＯＢが来た」。そういう色眼鏡で周囲から見られたものでした。だから、「野球部は強くなるよね」。指導者としての実績がない私でも、勝手にそう思われていたのは事実です。

「そんなに簡単なものではない」

そう思う反面、どんな環境であってもやれることを精一杯やろう。出会った子供たちとともに、周囲からも認められるチームを築いていこうと思った。そして、県立校の指導者として結果を出すことができれば、他の県立校の指導者の方々も言い訳ができなくなるだろう。そんな意地にも似た、横浜高校野球部ＯＢとしてのプライドがそこにはあったと思います。

そうして指導者としての礎を築いていった白山高校で出会った教え子たちは、一般社会に出てからも、自らの足で逞しく人生を歩んでいます。それが何よりも私は嬉しいのです。高校卒業後に警察官になった教え子がいる。教員を目指したいと言って、一浪の末に私と同じように日体大に合格した教え子もいる。各方面で頑張っている教え子の姿は、私の励みになります。そして、今も変わらず私の指導の根底にある『ダブルゴール』の大切さを改めて感じることができるのです。

私は、高校野球の指導者にとって大切なことは、やはり「人を育てる」ことだと思います。野球というスポーツをやっている以上、勝利を目指すことは大切です。実際に、横浜高校も甲子園を目指し、全国制覇を目標としています。ただ、それだけで終わってしまってはいけない。勝利至上主義の指導に偏ってしまっては、たとえ大きな結果を手にして一瞬は輝く人生になったとしても、子供たちのその後の人生に確かな光を与えることはできないと思います。常に『ダブルゴール』を目指し、前へ突き進む子供たちであってほしい。指導者としては、それぞれの目標を成し遂げられるために尽力し、ともに二つのゴールを目指す関係性でありたい。私はつくづくそう思うのです。

横浜高校は、全国制覇を目指す。そして、人生の勝利者になる。そのの大きな柱の下で、チームは築き上げられていきます。大学野球や社会人野球、そしてプロ野球の世界、さらに一般社会で活躍する横浜高校野球部OBの方が多いのは、その教えが脈々と受け継がれているからだと感じています。そういう横浜高校であり続けたい。たとえ時代が移り変わっても、常に『ダブルゴール』を求める指導者であり続けたいと思っています。

愛情と厳しさは、指導という観点から言えば根底に共通の要素がある。村田監督は「監督になろうとしてはいけない。親にならなければ」との思いで子供たちと向き合っている

第六章

「全国制覇」への道
～小倉清一郎コーチの教え～

歴史と伝統を肌で感じられる長浜グラウンド

青いふちが施された『ＹＯＫＯＨＡＭＡ』の文字が躍るユニフォームに憧れ、覚悟を持って横浜高校に入学してきてくれる子供たちがいる。彼らは長浜グラウンドで泥まみれになってレギュラーを目指す。先人の先輩方は、そうして強い横浜高校を築いてきました。甲子園出場、そして全国制覇という明確な目標を持って歴史を紡いできました。一度は指導者の不祥事によって、その歴史が途絶えてしまうのではないか。築かれてきたものが一瞬にして消えてしまうのではないか。そんな苦境に立たされた時期もありましたが、今こうして横浜高校は再建に向けて突き進んでいます。横浜高校の野球部は変わらない。時代が変わったからすべてが変わるかと言えば、そうではない。

普遍的な歴史と伝統がある。

それこそが横浜高校の強みだと私は思っています。

横浜高校の長浜グラウンドに立っていると、歴史と伝統を肌で感じることがあります。

グラウンドの入り口にある野球部ＯＢの名と「絆」の文字が刻まれている石碑を見るたびに、身が引き締まる思いになるのです。約50年という長い時間を経て歴史を築いてきた渡辺監督の言葉を借りれば、まさに「目標がその日その日を支配する」教えの下で、積み重ねてきた歩みがある。それは決して忘れてはいけないし、失ってはいけないものなのです。

当然のことながら、歴史と伝統は一朝一夕で築かれるものではない。日々の練習、そこにある反復練習によって確かなものになっていくのです。キャッチボールも、それが大事なことだから毎日行う。その繰り返しにこそ、今日よりも明日、明日より明後日と、日々の成長につながる大切なものがあるのです。反復練習ができる人間は強い。繰り返し行ってきた練習で培ったものは、体が覚えている。だから、土壇場でも力を発揮することができるのだろうし、高校を卒業してからも各ステージで活躍できるのだと思います。横浜高校のそんな「強さ」を体現してきたＯＢの方々はたくさんいます。私の同級生である涌井秀章もその一人で、彼は常にこう言うのです。

ピッチングで大事なことは、同じところで足を上げるとか、同じところに投げること。同じことを同じように続けることが一番大事なんだ、と。

鮮度の良い刺身があるとします。でも、そんな刺身でも手をつけずに置いておけば、すぐに鮮度は落ちる。つまり、良いものでもすぐに質が悪くなってしまうのです。だからこそ、状態が良い時にどれだけ練習するか。自分自身を知り、そこをどれだけ突き詰められるか。涌井はその大切さを、プロ野球の世界でも体現してくれていると思います。

高校時代の捕手の経験が今も生きている

継続することの重要性は、私自身も高校時代から感じていました。対戦相手が決まれば、その情報をもとに相手投手をイメージしながら素振りを繰り返す。仮に対戦経験がある投手ならば、その打ち取られた残像をもとにバットを振り続けたものでした。また、捕手というポジションでしたので、対戦校の打者をイメージしながら常に配球のことを考えていました。私は高校のデビュー戦から高校最後の公式戦まで、対戦校のデータを野球ノートに事細かに記しました。実戦での反省コメントや、主に技術指導をしていただき戦術や戦略に長けた小倉清一郎コーチが分析したデータや教えも加えたその野球ノートは、今でも自宅に保管しています。

たとえば、事前に分析した相手校の投手データです（表記は現物のまま）。

【××高校 エース・右腕の場合】

ストレート MAX134～135キロ 平均130～131キロ

技術以上に気持ちで投げる。コントロールはそんなによくない。外角コース低目一杯の球は、一試合の中であっても7～8球しかない。低目のボール球よりも高目のボール球の方が多い。

《特徴》

■勝負球は外角ストレートと高目のボール球。スライダー、カーブは勝負球ではなく、カウントを取る球。

■打者10人の中で、初球、カーブでストライクを取ろうとするのが3～4人。この球を打って行くこと。低目は打たない。

■スライダー、スライダー、スライダーと3球続けることもあるが、ストレート、ストレート、ストレート、ストレートと4球から5球続けてストレートの時がある。

■平均的な配球。カーブ、ストレート、スライダー、スライダー、ストレート。このような配球は打者30人（9回）の中で半分もないだろう。同じ球を2～3球続けて投げてくることの方が多い。

■左打者に対して内角低目をズバリ投げようとしている。

【××高校　エース・左腕の場合】

ストレート　MAX132キロ　平均126～129キロ

多少、腕が下がる分、右打者の内角球がクロスで入ってくる。この球に差し込まれないこと。ただ、差し込まれないようにと早くタイミングを取ると、外角に抜く球を当てに行ってしまう。右打者は、常に内角球とカーブだけ意識して打つこと。左打者は死球がある分、右打者より内角球は少ないカーブと外角のストレートを常に待っている。

《特徴》

■同じ球は2球止まり。右打者の内角クロスが勝負球。内角に意識が行くと、外角へ抜く球。カーブのストライク、ボールは半分、半分。低目のボール球が多い。

■初球のカーブが多い。打者9人のうち5人はカーブから入る。

■けん制球は、一塁も二塁もうまくない。一塁へのけん制球は一球止まり。2球はない。

また、打者に関しては、得意あるいは不得意なコース、または打球方向を細かく記した図も加えながら、一人一人の打撃の特徴を書き込んだものがあります。

1　セカンド／選手名（右）

オープンスタンスで構え、そのオープンのままアウトステップして打ってくる。体の開きが早くバットもドア・スイング気味に出てくる。打てるのは、内角より甘い球だけ。カーブは初球から手を出さないが、内角寄りの球は打ってくる。

2　レフト／選手名（右）

手が動かない。グリップの出が早いから変化球は打てないが、真ん中低目だけは別人のようにバットが振れる。スイング自体はアッパー・スイング。

3　ライト／選手名（左）

すべてに体が後ろに残ってつまり、打たれる心配はない。打てるとすればカーブだけ。

4　サード／選手名（左）

常に内角待ち。外角球はミートだけ。ゴロが多い選手だが、大きい当たりがあるとすれば、右中間。

5　ピッチャー／選手名（右）

初球からどんどん振ってくる。常にストレート待ち。内角寄りを待っている。外角とカーブは初球から打ってこない。

6　ファースト／選手名（右）

ステップして、いざ打とうとするのにグリップを耳の所に上げようとするので、タイミング的にワンタイミング遅れる。だが、うまく投手返しをしてくる。二遊間は二塁ベース固める。

7　センター／選手名（右）

バットを振る力なし。セフティー・バントあるかも？　ではなくあり。外角寄りのストレートだけ打つ。

8　ショート／選手名（右）

変化球はまったく打てない。ワンバウンドまで振ってしまう。

9　キャッチャー／選手名（右）

体が開いてバットが出ない。内角寄りの甘い球に振り遅れて、一・二塁間に飛ぶ。

もちろん、試合状況やその試合での選手の状態を見極めながら投手をリードするのですが、緻密に分析した事前データは大きな力となりました。データを下に、走者がいない時は餌を撒いておくこともありました。つまり、あえて相手が得意なコースを攻めて打者の反応を見る。配球の組み立ての中で布石を打っておくのです。走者がいる時は徹底して苦手なコースを攻めるのですが、好打者というのは苦手なコースばかりを攻めているとと対応してくる。そのことも頭に入れておきながら配球することもありました。その一つ一つが勉強になりました。そして、蓄積されていったデータを振り返ることで、捕手としても成長できたと思っています。

高校時代の経験と教えは、指導者となった今でも生きています。小倉コーチに鍛えてもらったこと、その教えは私の財産になっていることは間違いありません。相手の打者を分析することで守備体形におけるバリエーションは増えます。その都度、ポジショニングを変えることでヒットゾーンを狭めることもできるのです。ボールで換算すれば、4000球、5000球、場合によっては7000球分もヒットゾーンを消すことも可能です。そう考えると、1試合27個のアウトを取る中で半分ほどは簡単にアウトを取れると思っています。残りの半分は、味方投手のピッチング状態の善し悪しや試合状況、または守備力によって簡単には取れないこともあるでしょう。

　また、野球は何が起こるか分からないスポーツでもあります。だからこそ、想定外のプレーを少なくしておく必要があります。一般的には想定外と思われるプレーであっても想定内にしておく。100回に1回、あるいは1000回に1回のプレーも想定した練習が必要になってくるわけです。そのため、挟殺プレーから併殺プレーに切り替える練習もします。たとえば走者一、二塁のケース。二塁走者に対して牽制球を投げる。仮に牽制によって二塁走者が二、三塁間に挟まれ、一塁走者が慌てて二塁を陥れようとした場合、挟殺プレーでボールを受けた三塁手は二塁へ送球。まずは一塁走者をタッチアウトにし、再び二塁手から三塁手へボールが送られる中で三塁へ向かう二塁走者をアウトにして併殺プレーを決める。そういったプレーは一人だけが理解し、あるいはイメージしていても成立するものではありません。準備ができていない選手が一人でもいたら、完璧に決まるプレーではありません。みんながそのプレーを共有し、理解していなければ成り立たない。だからこそ、そんな稀なプレーであっても、日頃の練習では常に意識しておくことが必要なのです。

事前の準備があるからこそ、勝利の確率は広がっていく。確かな日々の積み重ねがなければ、本物の力はついていかない。私はそう思っています。

激戦区・神奈川だからこそ横浜高校の力も磨かれた

もちろん、実力があるだけで勝ち続けることができる、あるいは甲子園に出場できるとは思っていません。甲子園は、簡単に行ける場所ではないことは十分に分かっています。地に足をつけて、しっかりと準備をしなければ、辿り着かない場所が甲子園です。

横浜高校の監督に就任した2020年は、新型コロナウイルスの影響で世の中は辛い日々を余儀なくされました。スポーツ界においても各大会が中止になるなど、当たり前だったことが目の前から消え、切なくそして厳しい時期を過ごしました。高校球界も例外ではなく、夏の選手権大会は各都道府県の独自大会となり、「甲子園」という大きな目標が消えてしまいました。3年生を迎えた高校球児にとっては辛い現実でした。我々の横浜高校としては、夏の独自大会を3年生だけで臨みました。最後は「横浜高校に入って良かった」と思って高校野球を終えてほしい。私はそう願い、子供たちと接するほかありませんでした。その過程を経て、横浜高校は今、先輩たちの思いも背負いながら新たな歩みを始めようとしています。

歴史を紡いできた野球部ＯＢの方々は、私たちにこう言ってくださいます。

「横浜高校は強くなくてはいけない」

常に甲子園出場を、そして全国制覇を求めるチーム。それが横浜高校です。私自身も、全国制覇をするために横浜高校に入学した。目指すべきものがはっきりとしていたので、前だけを見据えて高校時代を過ごすことができました。目標があったので何事も我慢できたし、「全国制覇をするんだ」という思いは一度もブレることがありませんでした。それは、横浜高校に集まったすべての仲間が共有していたことです。私の同級生は全国各地から集まった名の知れたメンバーが多かった。志の高い選手ばかりでした。我々の代もそうであったように、毎年のように『YOKOHAMA』のユニフォームに憧れ、全国制覇を目指す子供たちが横浜高校に入学してきます。最高の仲間と出会い、最高の舞台で戦う。それこそが横浜高校の歴史でもあると思っています。

また、歴史が築かれてきた歩みにおいて、神奈川という地が横浜高校の存在意義を高めてくれた側面もあります。全国においても実力を誇示する強豪校が身近にいる。それぞれが鎬《しのぎ》を削り、「神奈川の高校野球」は確立されてきたと思います。ライバルでありながら、時には県内全体で高校野球を盛り上げる。そんな風土があるのも、神奈川という地の特徴だと思います。私自身は神奈川の高校野球で育ててもらったという思いがあります。そして、横浜高校もまた、神奈川という特別な場所があったからこそ大きな力を蓄えることができたと思うのです。

夏の選手権大会における神奈川大会決勝には、独特の空気感が漂います。横浜スタジアムに詰めかける両チームの関係者、そして高校野球ファン。外野席も埋め尽くす大観衆の下で行われる決勝は、その光景を知る者にとって忘れられない記憶になるはずです。高校3年夏に経験した私にとっても、鮮明な思い出として今でも残ったままです。かつて私が高校生の頃、渡辺監督に言われていた言葉をふと思い出すことがあります。

「神奈川の高校球児で、あの決勝の舞台に立てるのは40人。甲子園の決勝は36人しかいないんだぞ。そういった経験をした人間が、次世代に継承していかなければいけない」

私は今、恩師の言葉を心に強く刻むのです。

甲子園優勝5回という学校の輝かしい歴史

何度も言いますが、横浜高校は先人の方々が神奈川の地で鎬《しのぎ》を削り、歴史と伝統を築いてきました。我々はその重みをしっかりと受け止め、次世代へ繋いでいかなければいけない。同時に、歴史と伝統の理解をより深めていかなければいけないと思っています。そのためには、高校野球全体の歴史と文化も今以上に理解する必要があると感じています。そう思った私は、横浜高校の監督に就任する前に阪神甲子園球場を訪ねました。甲子園歴史館で、改めて高校野球の歩みを感じておきたかったのです。その場所には、入口付近に松坂大輔さんの横浜高校時代のユニフォーム、そしてグラブやスパイクが飾ってあります。それらを目の当たりにして先人の方々の熱い思いを肌で感じ取ることができました。そして、高校野球が生み出してきたさまざまな熱闘や、それぞれの時代に合ったライバル関係などを改めて知ることで、歴史の奥深さを再認識したものでした。さまざまなものが絡み合って歴史が繋がり、高校野球の文化が築かれてきた。そこには、横浜高校の歴史も燦燦と輝く。

春夏通じて過去5回の甲子園優勝。初優勝は1973年の第45回選抜大会です。初戦（二回戦）で小倉商高校を延長13回の末に下すと、準々決勝では東邦高校を3対0でシャットアウト。準決勝では鳴門工高校（現・鳴門渦潮高校）を4対1で退けて決勝進出。最後の大一番では、延長11回表に富田毅さんの劇的な2ラン本塁打が飛び出して甲子園制覇。新横浜駅から学校がある横浜市金沢区までの優勝パレードには、多くの関係者やファンが大挙したと言います。

2度目は80年夏の第62回選手権大会です。愛甲猛さんと川戸浩さんの両左腕を擁した横浜高校は、一回戦で高松商高校を8対1で下すと、二回戦は江戸川学園を9対0、三回戦は鳴門高校を1対0、そして準々決勝は箕島高校を3対2、準決勝は天理高校を3対1で破り、圧倒的な強さで勝ち上がりました。決勝の相手は、当時1年生だった荒木大輔さんがエース格を担った早稲田実高校。その決戦でも横浜高校の勢いは衰えずに序盤から攻め立て6対4で勝利。夏の甲子園を初めて制しました。

そして、3度目と4度目は横浜高校においても伝説として語り継がれている98年の最強チームによる甲子園春夏連覇です。第70回選抜大会では、初戦（二回戦）で報徳学園高校を6対2、三回戦で東福岡高校を3対0、準々決勝で郡山高校を4対0、そして準決勝でPL学園高校を3対2で下して決勝進出。頂上決戦では、松坂大輔さんが関大一高校打線を4安打に抑えて3対0の勝利。横綱相撲で甲子園を制しました。同年夏の第80回選手権大会では、今でも多くの高校野球ファンの記憶に残る熱戦を演じて勝ち上がりました。一回戦で柳ヶ浦高校を6対1、二回戦で鹿児島実高校を6対0、三回戦では星稜高校を5対0で破り、圧倒的な力を誇示。そして、準々決勝はＰＬ学園高校との延長17回の激闘です。両校の意地と意地が激しくぶつかり合った試合は、17回表に常盤良太さんの2ラン本塁打で勝ち越し。最後は松坂さんが250球の熱投を見せて勝利を掴みました。準決勝でも驚異の粘りで7対6で明徳義塾高校を下した横浜高校は、京都成章高校との決勝で松坂さんがノーヒットノーランを達成する中で春夏連覇を達成しました。

その8年後である2006年は、第78回選抜大会で優勝。決勝では21対0と清峰高校を圧倒。横浜高校としては5度目の甲子園優勝を手にしたのです。

そんな輝かしい歴史を振り返り、私は今一度、自分自身に語りかけるのです。

「特別なことをすることはない。横浜高校を50年以上に渡って作り上げてきた渡辺監督の野球を再認識し、または再確認して進んでいけばいい。時代に合った指導を考えながらも、歴史を継承してさらに『強い横浜高校』を求めていけばいい」

私のやるべきことはそこに尽きると思っています。

『YOKOHAMA』が再び輝きを取り戻すために

横浜高校野球部を取り巻く環境は今、再びかつての雰囲気を取り戻しています。渡辺監督が長浜グラウンドに足繁く通い、子供たちを見守り続けてくれています。そして、葛藏造校長、副部長を務める館山和央教頭をはじめ、今年21年からは野球部OBでもある名塚徹部長も加わり、チームは大きく変わろうとしています。また、野球部を献身的に支え続け、苦難の時期を乗り越える原動力となってくれた高山大輝コーチや、同じ志を持って指導してくれている関根剛コーチ。さらに、トレーニングコーチの橘内基純さん、トレーナーの岩下博行先生、委託コーチである私の同級生の千葉政秀と2学年下の山本賢秀。適材適所で大きな力となってくれています。すべての人が同じ目標に向かって突き進んでいる。

『YOKOHAMA』の再建が、野球部だけではなく学校全体で着実に進んでいることを、私は実感するのです。

子供たちとともに目指す全国制覇。もちろん、「甲子園に行きたい」「日本一になりたい」という思いだけで目指す場所に辿り着くとは思っていません。渡辺監督には、こんな言葉をかけられることがあります。

「勝ちたい、勝ちたいという思いだけで突っ走ってはダメだぞ。やるのは選手。横浜高校に入学してきてくれた子供たちだからな」

まるで私の心の奥を見透かしているような恩師の言葉に、ふと立ち止まってしまうことがあります。もちろん、その通りです。子供たちがいて初めて、横浜高校野球部の歴史は受け継がれて、生き続けていくものです。その中で、私は熱量を蓄え続けて母校の再建に力を注いでいきたいと思っています。

私は、「負けない」という言葉が一番好きです。負けや挫折を味わい、そこから得るものは大きい。ただ、「負けない」ことへの執念を絶やさずに持ち続けることは大事なことだと思っています。

母校の真の再建を目指す。そして、全国制覇を成し遂げる。

その思いだけは忘れることなく、子供たちと夢を追い続けていきたい。

「横浜高校は強くなければいけない」

そう願い、どんな時でも横浜高校を応援してくださる方がたくさんいます。約1500人の野球部OBの方々が、強い「絆」でつながりチームを支え続けてくれる。

私はそういう方々のために、そして長浜グラウンドに立つ子供たちのために突き進んでいきたい。

横浜高校で全国制覇をするんだ。

常にそういう熱を持ったチームであり続けたいと思っています。

野球部OBの名と「絆」の文字が刻まれている石碑は、長浜グラウンドの入り口に鎮座している

おわりに

20年から共学となった新生・横浜高校

1942年（昭和17年）の学校創立以来、硬派な男子校として知られてきた横浜高校は、2020年の春から男女共学となって新たなスタートを切りました。校舎は綺麗になり、各教室の間にはコミュニティースペースが設けられて生徒たちの憩いの場所となっています。テラス席がある食堂には子供たちの活気が満ち溢れている。また、男子校ならではのスタイルを貫いてきた応援団も変わりました。女子部員が加わったことで、たとえば夏の選手権大会の全校応援ではこれまでと一味違った応援風景が見られるかもしれません。

学校として新時代を迎えた20年4月、時同じくして母校へ教員として帰った私は横浜高校の変化を強く感じた一人でした。「生まれ変わった」ことを実感しているのは、一般生徒も同じでしょう。そして、野球部の子供たちもまた大きな変化のうねりを肌で感じ取って、新たな部史を築く歩みを始めています。

「新生・横浜高校」

周りからそう言われることは多いですし、私自身も『YOKOHAMA』の再建に向けて新たな一歩を踏み出し、熱い気持ちを持ち続けているのは確かです。ただその一方で、野球部として変わらない部分もたくさんあります。かつて渡辺元智監督と小倉清一郎コーチが中心となり作り上げてきたもの。二人の指導者の情熱によって「神奈川最強」と言われてきた横浜高校の歴史と風土は決して消えることはないですし、変えてはいけないものだと思います。移り行く時代において変えるべきものは変えていく必要はあるのでしょうが、『YOKOHAMA』の根底に流れる教えや強さは、これからも継承していきたいと思うのです。

渡辺監督が横浜高校の監督に就任したのは1967年秋のことです。合宿所に寝泊まりし、選手との信頼関係を築きながら常勝チームを作り上げていきました。当初は事務職員でしたが、大学へ通って教員資格を取得。教育者としても子供たちから信頼を得て、「絆」を深めていきました。その中で、2012年春の第84回選抜大会では監督として史上4人目となる甲子園通算50勝を挙げるなど、輝かしい実績を残されました。勇退された15年夏まで、母校のために全身全霊を尽くされました。そして、渡辺監督とともに横浜高校の礎を築ていったのが小倉コーチです。渡辺監督とは横浜高校で同級生。東海大一高校（現・東海大静岡翔洋高校）、横浜商高校で指導者として実績を積み、母校へ戻ったのが90年秋のこと。以来、主に技術指導や戦略面で長きに渡って渡辺監督を支え続けました。横浜高校の黄金時代の歴史は、まさにお二人の歩みそのものです。

そこには、大きなパワーがあった。そして、周囲から愛され、応援される魅力が詰まっていた。

「横浜高校は強くあれ」

今まさに周囲から聞こえてくる声は、横浜高校の歴史の重さを示しているものだと思います。私自身も母校の監督となり、歴史の重さとパワーを感じています。そして、多くの期待があることを身に染みて感じるのです。チームを愛し、応援してくれる方々がたくさんいる。そんな支えてくださる多くの方々に喜んでもらいたい。私はそう強く思うのです。

熱烈に支援してくださる野球部ＯＢの方々のパワー

一人の力だけでは成し得ないものがある。甲子園出場もそうです。周りのサポートなくして、横浜高校の目指す全国制覇も成し遂げることはできません。それだけに、私は思うのです。

必ずや目標は達成されるだろう、と。

野球部に対する学校側の大きなサポート、あるいは応援してくださる多くの方々の力。そして、私がもっとも感じるのは横浜高校野球部ＯＢのパワーです。苦難の時期を乗り越え、再び温かく、そして熱く大きな支援をしてくださるＯＢの方々のパワーを、日を追うごとに強く感じるのです。そのパワーがあれば、甲子園に行ける。そして、全国制覇を掴むことができると確信しています。

私は今、改めて支えてくださる多くの力に感謝することを子供たちに言い続けています。彼らには、応援してくださる人、またはいつも近くで支えてくれる親など、誰かのために頑張れる人間になってほしい。指導者としては、そういう人間を育てたい。私は常々そう思っています。その先に、甲子園出場がある。21年を迎え、今年最上級生となった3年生にはこんな言葉も伝え続けています。

「残り一度しかない甲子園のチャンス。出場するために頑張ろう。人生が変わる甲子園へ、みんなで行こう。横浜高校に来たからには、甲子園に行くぞ」

縁をいただいて出会った子供たちです。甲子園という檜舞台を経験させてあげたい。そして、誰もが味わえるものではない、人生が変わるほどの経験をさせてあげたい。最後は「横浜高校に来てよかった」と心から思ってもらいたい。それが母校の再建を託された私の願いであり、使命だと思っています。

母校のために尽力する――。

周囲の一部には「火中の栗をよく拾ったな」と言う方もいます。部内に不協和音が広がり、指導者の不祥事によって横浜高校野球部に暗雲が垂れ込めた。その悲しくも、厳しい現実を経て、私は母校の監督に就任しました。傍から見れば「火中の栗を……」、そう思われる方がいます。でも、私はその言葉が嫌いだし、そんな思いはまったくない。母校が窮地に立たされている状況で監督就任を求められたら、その期待に応えたいと思うのは当然のことです。野球選手として、または一人の人間として育ててもらった母校を見捨てるわけにはいかない。「求められる」ことがあれば、それに応えたいという気持ちが生まれるのは当たり前のことだと思います。

母校を愛する気持ち。

それは多くのOBの方々と同じように、私にとっても変わることのない感情です。決してあってはならない出来事が起きたのは事実です。でも、母校を見捨てることはできなかったし、かつての横浜高校野球部の姿を取り戻さなければいけないと強く感じています。もう一度、横浜高校の野球をしっかりと復活させる。子供たちを信じて進んでいけば、必ずや再びかつての輝きを取り戻して甲子園出場、そして全国制覇に辿り着く。私はそう思っています。

心の原点という「絆」

過去を振り返ってみれば、どの時代においても横浜高校は逆境を跳ね返してきた歴史があります。毎年のように、こぞって実力者が入学してくるから勝ってきたのではない。たとえ実力があっても、勝利を手にできずに挫折を味わい、もがき苦しんだ時代もありました。いつの時代も、簡単に甲子園出場を果たしてきたわけではありません。横浜高校という場所で、先輩たちが汗水を流して努力してきた。また、それぞれの時代でそれぞれの部員が「横浜高校で勝負するんだ」という気概を持って挑み続けてきた。そのおかげで『ＹＯＫＯＨＡＭＡ』というブランドが確立され、今がある。歴史と伝統、そして栄光が築かれてきたのです。そして、母校への愛情が生まれ、それぞれの想いが太い

「絆」となって脈々とつながってきたと思います。

　母校の絆は、すごい。

　最高の仲間と喜びを分かち合い、苦しい時に助け合った横浜高校は、私を含めたＯＢにとって心の原点です。それぞれが「戻れる場所」として大切にしているのが横浜高校であり、そこにある「絆」は、母校の次世代を担う子供たちにとって大きな力になっていくはずです。

　歴史と伝統を引き継ぐ横浜高校野球部は今、新たな一歩を踏み出しています。応援してくださるすべての方々に感謝をしながら、再建に向けて歩みを続けています。

　子供たちとともに――。

　私はこれからも長浜グラウンドに立ち続け、横浜高校の野球とともに生きていきます。

母校の野球部再建という大きな命題を背負った村田監督。だが「必ずや目標は達成される」と、いずれ再び栄光を取り戻す日が来ることを信じて疑わない

プロフィール

村田浩明（むらた・ひろあき）

1986年7月17日生まれ。神奈川県出身。中学時代は川崎北シニアに所属し、2002年から横浜高で捕手としてプレー。2年春にセンバツ準優勝、3年夏は主将として甲子園8強へ進出した。日体大卒業後、霧が丘高で野球部部長となり、13年から白山高野球部部長に。同年秋に同校監督となり、19年まで指導した。そして20年、母校・横浜高の監督に就任。名門再建に取り組んでいる。

YOKOHAMA《よこはま》再建《さいけん》の誓《ちか》い

名門《めいもん》野球部《やきゅうぶ》復活《ふっかつ》に燃《も》える元公立高校監督《もとこうりつこうこうかんとく》

2021年6月25日　第1版第1刷発行

著　　者／村田浩明《むらたひろあき》
発 行 人／池田哲雄
発 行 所／株式会社ベースボール・マガジン社
〒103-8482　東京都中央区日本橋浜町2-61-9　TIE浜町ビル
電話　03-5643-3930（販売部）
　　　03-5643-3885（出版部）
振替　00180-6-46620
https://www.bbm-japan.com/

印刷・製本／共同印刷株式会社

Printed in Japan
ISBN 978-4-583 -11379-1　C0075